こねないで作れる

バゲットと美味しいパン

藤田千秋

はじめに

　パンを作り始めて30年近くになります。
10年ほど前に「こねないパン」を考案してから、はじめは食パンばかり焼い
ていましたが、少しずつレパートリーも増えました。

　「バゲットなどのいわゆるフランスパンは、あまりこねすぎないで作る」
と教えられてきたこともあり、バゲットは「こねないパン」にはぴったりで
はと思い、いつか挑戦したいと思ってきました。

　ですが、バゲットの作り方を調べると特殊な材料（モルトエキスやクエ
ン酸・コントレックスなど）が必要だったり、1g以下まで測れる微量計が必
要だったり、なかなかハードルが高そう。せっかく「こねずにラクして作る」
のですから、材料もなるべくシンプルにしたいし、工程も面倒にしたくあり
ません。そこで、材料も道具も工程も、思いっきりシンプルなバゲットを考
案しました。バゲットとほとんど同じ配合で作れるカンパーニュや食パン
などもご紹介しています。

　こねないパンは通常のパン作りよりちょっとだけ時間がかかりますが、
「時間」はバゲットをおいしくしてくれる大切な要素でもあります。成形の
違いでこんなに食感や味わいが変わるんだ!!ときっと驚くはず。

　さらに本書ではバゲットと正反対で「ふわふわ」にできるブリオッシュ系
のパンもご紹介しています。甘いブリオッシュ以外に塩味のブリオッシュ
もケークサレ風で美味ですよ。

　読者の方々の毎日の生活に「こねないパン（バゲット）」作りが組み込
まれることを楽しみにしています。

藤 田 千 秋

はじめに 002
「こねないパン」の魅力 006
シンプルで簡単！
「こねないパン」の作り方の流れ 008

PART 1
ハード系のこねないパン 010

基本のバゲットの作り方 012
- バゲット作りの達人になるワンモアテク 016
- ライ麦＆アプリコットのバゲット 019
- 全粒粉＆クミンシードのバゲット 020
- そば粉＆黒豆甘納豆のバゲット 021
- 黒ビール＆くるみのバゲット 023
- セモリナ粉＆あおさのりのバゲット 025
- フライドオニオン＆サラミのバゲット 026
- チェダーチーズのバゲット 027
- 赤ワイン＆カレンツのバゲット 030
- トマトジュース＆バジルのバゲット 033
- 黒米のバゲット 036
- 豆乳＆きな粉のバゲット 037

基本のエピの作り方 038
- ベーコン＆チーズのエピ 041
- プルーンのエピ 044
- イチジク＆ブルーチーズのエピ 045
- スモークサーモン＆ディルのエピ 046
- あんこのエピ 047

基本のカンパーニュの作り方 048
- クープの入れ方 049
- オリーブのカンパーニュ 051
- さつまいも＆ごまのカンパーニュ 054
- ココア＆クランベリーのカンパーニュ 055
- ピーナッツのカンパーニュ 056
- ローズマリー＆ピンクペッパーのカンパーニュ 057

PART 2
もっちり系のこねないパン　058

基本の食パンの作り方　060
クランベリーの食パン　064
あんこの食パン　065

基本のねじねじパンの作り方　066
野菜入りのねじねじパン　070
ココナッツのねじねじパン　071

PART 3
リッチ系のこねないパン　072

基本のブリオッシュの作り方　074
マロンのブリオッシュ　078
シナモン＆ピーカンナッツのブリオッシュ　079
サフランとグリーンレーズンのブリオッシュ　080
アールグレイとプルーンのブリオッシュ　081
塩バターのブリオッシュ　083
赤パプリカとクリームチーズのブリオッシュ　086
ポテトと粒マスタードのブリオッシュ　087
マッシュルームとガーリックのブリオッシュ　088
コーンとブラックペッパーのブリオッシュ　089

こんなときどうする？　Q＆A　090
必要な道具と材料　092
こねないパンがさらに美味しくなる！
オリジナルディップ　094

【この本の共通事項】

[材料に関して]
・本書で使っている塩は天然塩、砂糖は特に記載のない限り上白糖、バターは食塩不使用です。

[計量に関して]
・基本的に材料はgで表記しています。水分もはかりを使い、g単位で計量してください。

[発酵温度やオーブンに関して]
・二次発酵に関しては35℃程度で安定しておこなうためオーブンの発酵機能を使用しています。電気オーブンは予熱に10分以上かかるため、二次発酵終了予定時間の10分前までには生地をオーブンから取り出し、予熱を開始してください。

・焼き時間は電気オーブンを使った場合の温度と焼き時間を基本にしています。ガスオーブンの場合はレシピの記載を参考に、温度を約10℃下げ、焼き時間をやや短めにしてください。

「こねないパン」の魅力

こねないからパン作りが劇的にラク！

パン作りで最も手間がかかるのがこねる作業。これを省き、材料をゴムベラで混ぜ合わせて作る「こねないパン」は、とにかく作りやすいのが特徴です。初めてでも、専門店みたいな絶品パンができ上がって感激！

生地を冷蔵庫で寝かせて、好きな時間に焼くこともOK

本書では春秋の室温（25℃前後）に合わせ、一次発酵の前半が約3時間、後半が約2時間としていますが、冷蔵庫でさらに発酵の速度を遅らせ、焼くのを翌日に回すこともできます。これなら前日は一次発酵～ガス抜きまで、翌日に一次発酵後半から行えばいいので、好きな時間に焼きたてパンを食べたいときにもってつけ。この方法は、低温長時間発酵法といってパン職人たちも使っているワザ。ただし、冷蔵庫に入れるのは長くて丸1日までに。（P16参照）

分割や成形が少ないから簡単

「こねないパン」は生地がややわらかめなので、小さく分割したり丸めたりという成形には向きません。逆に言えば、成形がとっても簡単ということ。2分割するだけ、くるくる巻いてナイフで切るだけなど、工程がシンプルだから成形でもたつくこともありません。

発酵時間が長いのが、かえってお手軽

「こねないパン」は、こねない代わりにゆっくり時間をかけて発酵させることでグルテンが強くなり、ふっくら膨らみます。普通のパンに比べて発酵時間はかかるものの、室温で放っておくだけなので、ほかの家事をしたり、買い物に出かけたり、焦ることなく"ながら"で作れるのがかえって気楽。

道具が少なくて、あと片づけもスムーズ

工程がシンプルなので、道具はP.92で紹介しているように最小限でOK。生地はこねずにボウルの中で混ぜるから、粉があちこちに飛び散ることもなく、掃除も洗い物も少なくて大助かり。

シンプルで簡単!
「こねないパン」の作り方の流れ

1
材料を混ぜる

材料を混ぜる
5分

ボウルに砂糖、塩、なたね油、水、ドライイースト、強力粉などの材料を合わせ、混ぜるだけ。こねると15分以上かかるのが5分で完了。

2
一次発酵（前半）・ガス抜き・一次発酵（後半）

一次発酵前半
3時間

一次発酵後半
2時間

室温（20〜25℃）で一次発酵前半が3時間（季節によって2〜4時間）、途中ガス抜きをし、後半が2時間。やや時間はかかりますが、放っておけるのでその間に家事やランチなど、ほかの用事をしつつ、のんびり作れます。

3

成 形

成形
5分

生地がやわらかいぶん、細かい分割や複雑な成形をしないのもこねないパンの特徴。折って押さえるを繰り返したり、丸ごとカードで切れ目をつけたりと、楽々！

4

二次発酵・焼く

二次発酵
30〜
50分

焼く
15〜
30分

オーブンの発酵機能（35℃）を使い、30〜50分かけて二次発酵。膨らんだらクープ（切り込み）を入れたり、トッピングをして、オーブンで焼き上げるだけ。

PART 1

ハード系のこねないパン

バゲットやエピ、カンパーニュなどの
パンを紹介します。

外パリ、中ふわの
バゲット・エピ・カンパーニュ

本書で紹介しているハード系のこねないパンは、
バゲット・エピ・カンパーニュの3種類です。美味しく作れるポイントは3つ。

1. イーストは少なめ、発酵時間は長め
2. 成形時に必要以上にガスを抜きすぎない
3. 焼くときにアツアツの天板にのせる

生地をじっくりと発酵（＝熟成）させて美味しい生地を作ります。時間をかけて発酵するためには発酵温度は低めがコツ。成形時はすばやく行い、二次発酵を終えたら、予熱したアツアツの天板にのせて一気に高温で焼くことで、バゲットの表面がパリパリに仕上がります。

BASIC / BAGUETTE
基本のバゲットの作り方

材料（1本分）
- 強力粉 …150g
- ドライイースト …小さじ1/2（1.5g）
- 砂糖 …3g
- 塩 …3g
- なたね油 …3g
- 水 …110g
- なたね油 …適量（クープ用）

🕐 タイムスケジュール

材料を混ぜる	5分
一次発酵（前半）・ガス抜き	3時間
一次発酵（後半）	2時間
成形	5分
二次発酵	35～40分
焼く	25～28分

材料を混ぜる

1 ボウルに砂糖、塩、なたね油を入れて、水を加える。

2 ドライイーストを全体にふり入れ、そのまま30秒ほどおく。

3 ドライイーストが沈んできたら、ゴムベラで混ぜる。

4 強力粉を一度に加え、ゴムベラで大きく混ぜる。

5 水分がいきわたってきたら、ゴムベラの根元を持ち、生地を底から持ち上げて切るように混ぜる。

一次発酵（前半）・ガス抜き

6

粉っぽさがなくなったら一次発酵スタート。

7

ラップをし、室温（20〜25℃）で3時間発酵させる（季節や温度によって異なり、2〜4時間が目安）。

8

生地が1.2〜1.5倍に膨らんだら一次発酵の前半が完了。

9

ゴムベラをボウルに沿って差し込み、生地を持ち上げるようにしてガスを抜く。

> いったんガスを抜くことによって、生地のキメがそろい、ふんわりした食感に。また、グルテンを強くして成形しやすくなる効果も。

一次発酵（後半）

10

再びラップをし、室温（20〜25℃）で2時間発酵させる。一次発酵の前半終了時と同じくらいの大きさになったら、後半も発酵完了。

上手に発酵させるポイント

常温について

20〜25℃程度。春夏ならそのまま、秋〜冬なら暖房の近くなど温かい所に置いて発酵させる。20℃以下になる場合は、発酵時間を30〜60分プラスして。

発酵不足＆過発酵に注意

時間だけでなく、生地が1.2〜1.5倍に膨らむのが肝心。発酵不足はもちろん、生地の表面がぶよぶよに膨らむ過発酵も要注意。目でもしっかり確認を。

成形

11 生地とボウルの境目一周に強力粉（分量外）を軽くふり、ゴムベラをボウルに沿って素早く何度か底まで差し込み、生地を引き離す。

12 強力粉（分量外）を広げたバットの上でボウルを逆さにし、生地が自然に落ちるのを待って取り出す（どうしてもくっつく場合は、ゴムベラでやさしくはがす）。

13 粉がついたほうを下にして台に移し、打ち粉をした手で押さえて縦16×横12cm程度にのばす。

14 向こう側から6〜7cmほど折り、指全体でしっかり押さえる。

15 手前からも同様に折り、指全体で押さえる。

16 生地の形をととのえ、再び向こう側から折って押さえるを2回繰り返す。

17 次に手前から生地を持ち上げ、中央でつまんでとじる。

18 とじ目を指で押しながら横一列に溝を作る。

19 生地を上下から寄せ、しっかりつまんでとじる。転がして太さを均一にし、30cm程度の長さにととのえる。

二次発酵

オーブンシートを敷いた天板に、生地のとじ目を下にしてのせる。

なたね油（分量外）を塗ったラップでおおう。二次発酵35～40分のうち、はじめの20分はオーブンの発酵機能（35℃）でおこなう。

オーブンから取り出し、別の天板をオーブンに入れて250℃に予熱する。生地はラップをはずし、表面に茶こしで強力粉（分量外）をふる。（天板が2枚ない場合は、生地をオーブンシートごとトレイなどに移し、天板をオーブンに入れて予熱する）

5分おいて表面が乾燥してきたら、クープナイフかカッターで斜めに3本のクープ（切り込み）を入れる。刃は寝かせて、やや深めに入れるのがポイント。

クープの溝が開いてきたら、スプーンでなたね油をたらしてのばす。最終的に1.5倍に膨らんだら、二次発酵は完了。

焼く

予熱したアツアツの天板にオーブンシートごと移す。

オーブンを220℃に下げ、25～28分焼く（ガスオーブンの場合は210℃で22分が目安）。途中、焼き色がつきすぎるようなら210℃に下げる。オーブンから取り出し、網にのせて冷ます。

バゲット作りの達人になるワンモアテク

1. ハーフサイズでも作れます

ちょっと小さめのバゲットを作りたい場合、生地を2分割して焼くのもおすすめです。一次発酵が終わった生地をバットに出したら、カードなどで分割して、半量ずつ基本のバゲットのように成形すればOK。あとから作業する生地は乾かないよう、ラップでおおうのをお忘れなく。二次発酵したら、250℃に予熱したオーブンを210℃に下げ、2つ同時に入れて20分焼けば完成です。

バゲットの生地を活用してグリッシーニにアレンジ

一次発酵後半が終わったら、生地を台に移し、打ち粉をして縦15×横20cmにのばし、幅1cmの棒状にカット。ねじって天板にのせ、二次発酵はなしで190℃で8分、180℃に下げてさらに10分焼けば、カリカリの香ばしいグリッシーニが完成。（1度に天板にのらない場合は、2回にわけて焼きましょう）

左が通常のサイズで右がハーフサイズ

2. 冷蔵発酵もできます

当日に時間がないときや、翌日に焼きたいときは、ガス抜きまでの作業をおこなって保存することができます。一次発酵終了後、ガス抜きをしたらすぐに、生地が乾かないよう落とし蓋のように生地にぴったりとラップをし、さらにボウルにもラップをかけ、2重にガードして冷蔵庫へ。この状態で丸1日まで保存することが可能。続きの作業をするには、冷蔵庫から出して室温に2〜3時間おき、成形からを同様におこなえばOK。冷蔵庫で発酵することでより美味しくなります。

TECHNIQUES

ハード系のパンをより身近に手軽に作れるための知っておきたい内容をまとめました

3. バターを加えてソフトバゲットも

基本のバゲット生地にバターをプラスすると、食感も風味もひと味違ったバゲットに。材料を混ぜる際に、やわらかく戻したバター10gを加え、一次発酵が終わったら生地を2分割。二次発酵が終わったら横一本にクープを入れ、溝にマッチ棒状に切ったバターをのせて焼くのがポイント。カリッとしつつもふんわりやわらかく、冷めてもおいしいバゲットができ上がります。

2段階でバターをプラス

生地にバターを配合することで、通常のバゲットより固くなるのが遅くなり、バターの風味も楽しめます。クープの溝にバターを入れると、クープがきれいに開きやすくなり、よりバターの香りが際立ちます。

4. 次の日も焼きたての美味しさを保つには？

焼き立てのパンの美味しさは格別！ 当日に食べないぶんは、冷凍保存することでその美味しさがキープできます。冷めたら食べたい分ずつ小分けしラップで包み、重ならないようにファスナーつき保存袋に入れ、できるだけ空気を抜いて冷凍庫へ。食べるときは冷凍庫から出し、30分ほど自然解凍するだけ。好みでトーストすればカリッと香ばしく、焼きたての味がよみがえります。

17

全粒粉&
クミンシードのバゲット

ライ麦&アプリコット

そば粉&
黒豆甘納豆のバゲット

ライ麦＆アプリコットのバゲット

アプリコットの自然な甘みとほどよい酸味が、こってりした煮込み料理ともよく合います。
アプリコットはレーズンに変えたり、クルミをプラスしても。

材料（1本分）

- 強力粉…120g
- ライ麦粉（中挽き）…30g
- ドライイースト
  …小さじ1/2（1.5g）
- A
  - 砂糖…5g
  - 塩…3g
  - なたね油…5g
- 水…110g
- ドライアプリコット
  （熱湯をかけて10分おき、水気をふいて細切りにする）
  …40g
- なたね油（クープ用）…適量

作り方

★ 生地の詳しい作り方は、P12〜15を参照

材料を混ぜる

1. ボウルにAと、ドライアプリコットを入れて水を加える。ドライイーストをふり入れて、イーストが沈んだらゴムベラで混ぜる。

2. 粉類を一度に加えて大きく混ぜ、粉っぽさがなくなってきたら切るようにさらに混ぜる。

一次発酵（前半）・ガス抜き

3. ラップをかけ、室温（20〜25℃）で3時間発酵させる。

4. 1.2〜1.5倍に膨らんだらゴムベラをボウルに沿って差し込み、生地を持ち上げるようにしてガスを抜く。

一次発酵（後半）

5. 再びラップをし、室温で2時間ほど発酵させる。一次発酵の前半終了時と同じくらいの大きさに膨らんだらOK。

成形

6. 生地をバットに取り出す（P14・11〜12参照）。

7. 生地を台に移し、基本のバゲットと同様に成形する（P14・13〜19参照）。

二次発酵

8. 生地はオーブンシートを敷いた天板にのせ、なたね油（分量外）を塗ったラップでおおう。オーブンの発酵機能（35℃）を使い、20分間発酵させる。

9. オーブンから取り出し、別の天板をオーブンに入れて250℃に予熱する。生地はラップをはずし、表面に茶こしでライ麦粉（分量外）をふる。斜めに3本のクープを入れ（P49・D参照）、なたね油をたらす。生地が1.5倍に膨らんだら発酵完了。

焼く

10. 予熱した天板にオーブンシートごと移し、オーブンを220℃に下げて25〜28分焼く（ガスオーブンの場合はP15と同様）。途中、焼き色がつきすぎるようなら210℃に下げる。オーブンから取り出し、網にのせて冷ます。

PICK UP

ライ麦粉

イネ科植物特有の香りがあり、ドイツ系サワー種のパンにも欠かせない素材。ドライフルーツとベストマッチ。

全粒粉＆クミンシードのバゲット

全粒粉のヘルシーで素朴な味わいの生地に、クミンのエスニックな香りと歯ごたえがアクセント。かむほどにおいしい、やみつきパンです。

材料（1本分）

- 強力粉…120g
- 全粒粉（中挽き）…30g
- ドライイースト…小さじ1/2（1.5g）
- A
  - 砂糖…5g
  - 塩…3g
  - なたね油…5g
- 水…105g
- クミンシード…小さじ1
- なたね油（クープ用）…適量

作り方

★ 生地の詳しい作り方は、P12〜15を参照

材料を混ぜる

1. ボウルにAと、クミンシードを入れて水を加える。ドライイーストをふり入れて、イーストが沈んだらゴムベラで混ぜる。

2. 粉類を一度に加えて大きく混ぜ、粉っぽさがなくなってきたら切るようにさらに混ぜる。

一次発酵（前半）・ガス抜き

3. ラップをかけ、室温（20〜25℃）で3時間発酵させる。

4. 1.2〜1.5倍に膨らんだらゴムベラをボウルに沿って差し込み、生地を持ち上げるようにしてガスを抜く。

一次発酵（後半）

5. 再びラップをし、室温で2時間ほど発酵させる。一次発酵の前半終了時と同じくらいの大きさに膨らんだらOK。

成形

6. 生地をバットに取り出す（P14・11〜12参照）。

7. 生地を台に移し、基本のバゲットと同様に成形する（P14・13〜19参照）。

二次発酵

8. 生地はオーブンシートを敷いた天板にのせ、なたね油（分量外）を塗ったラップでおおう。オーブンの発酵機能（35℃）を使い、20分間発酵させる。

9. オーブンから取り出し、別の天板をオーブンに入れて250℃に予熱する。生地はラップをはずし、表面に茶こしで全粒粉（分量外）をふる。人の字を4〜5回書くようにしてクープを入れ（P49・F参照）、なたね油をたらす。生地が1.5倍に膨らんだら発酵完了。

焼く

10. 予熱した天板にオーブンシートごと移し、オーブンを220℃に下げて25〜28分焼く（ガスオーブンの場合はP15と同様）。途中、焼き色がつきすぎるようなら210℃に下げる。オーブンから取り出し、網にのせて冷ます。

PICK UP

全粒粉

小麦を精製せず、表皮から胚乳まで丸ごと挽いた粉。素朴な風味や歯ごたえがあり、栄養価も高いのが特徴です。パン生地はやや茶色に。

そば粉＆黒豆甘納豆のバゲット

そば粉の香りがふわっと広がる和風バゲット。そば粉のおかげで
生地がしっとり仕上がり、コクと歯ごたえがある黒豆甘納豆が引き立ちます。

材料（1本分）

- 強力粉…120g
- そば粉…30g
- ドライイースト
  …小さじ1/2（1.5g）
- A
  - 砂糖…10g
  - 塩…2g
  - なたね油…5g
- 水…100g
- 黒豆甘納豆…30g
- なたね油（クープ用）
  …適量

作り方

★ 生地の詳しい作り方は、P12～15を参照

材料を混ぜる

1. ボウルにAと黒豆甘納豆を入れて水を加える。ドライイーストをふり入れて、イーストが沈んだらゴムベラで混ぜる。

2. 粉類を一度に加えて大きく混ぜ、粉っぽさがなくなってきたら切るようにさらに混ぜる。

一次発酵（前半）・ガス抜き

3. ラップをかけ、室温（20～25℃）で3時間発酵させる。

4. 1.2～1.5倍に膨らんだらゴムベラをボウルに沿って差し込み、生地を持ち上げるようにしてガスを抜く。

一次発酵（後半）

5. 再びラップをし、室温で2時間ほど発酵させる。一次発酵の前半終了時と同じくらいの大きさに膨らんだらOK。

成形

6. 生地をバットに取り出す（P14・11～12参照）。

7. 生地を台に移し、基本のバゲットと同様に成形する（P14・13～19参照）。

二次発酵

8. 生地はオーブンシートを敷いた天板にのせ、なたね油（分量外）を塗ったラップでおおう。オーブンの発酵機能（35℃）を使い、20分間発酵させる。

9. オーブンから取り出し、別の天板をオーブンに入れて250℃に予熱する。生地はラップをはずし、表面に茶こしでそば粉（分量外）をふる。斜めに3本のクープを入れ（P49・D参照）、なたね油をたらす。生地が1.5倍に膨らんだら発酵完了。

焼く

10. 予熱した天板にオーブンシートごと移し、オーブンを220℃に下げて25～28分焼く（ガスオーブンの場合はP15と同様）。途中、焼き色がつきすぎるようなら210℃に下げる。オーブンから取り出し、網にのせて冷ます。

PICK UP

そば粉

独特の風味があり、甘納豆やあんこなど、和風素材と好相性。粉全体の2割ほど配合するのがベストです。

黒ビール&くるみのバゲット

黒ビールの香ばしい風味とダークな色味が楽しめる大人のパン。くるみでさらにコクと食べごたえが増し、煮込みやソーセージなど、ドイツ風のディナーに添えても。

材料（1本分）

- 強力粉…150g
- ドライイースト…小さじ1/2（1.5g）
- A
  - 砂糖…5g
  - 塩…2g
  - なたね油…5g
- 黒ビール…150g
- くるみ（150℃のオーブンで10分ローストし、粗く砕く）…30g
- なたね油（クープ用）…適量

作り方

★ 生地の詳しい作り方は、P12〜15を参照

材料を混ぜる

1. 黒ビールは小鍋に入れて、中火で20秒ほど沸騰させ、冷ます。

2. ボウルにAと、くるみを入れて1の黒ビール115gを加える（写真2）。ドライイーストを全体にふり入れて、イーストが沈んだらゴムベラで混ぜる。

3. 強力粉を加えて大きく混ぜ、粉っぽさがなくなってきたら切るようにさらに混ぜる。

一次発酵（前半）・ガス抜き

4. ラップをかけ、室温（20〜25℃）で3時間発酵させる。

5. 1.2〜1.5倍に膨らんだらゴムベラをボウルに沿って差し込み、生地を持ち上げるようにしてガスを抜く。

一次発酵（後半）

6. 再びラップをし、室温で2時間ほど発酵させる。一次発酵の前半終了時と同じくらいの大きさに膨らんだらOK。

成形

7. 生地をバットに取り出す（P14・11〜12参照）。

8. 生地を台に移し、基本のバゲットと同様に成形する（P14・13〜19参照）。

二次発酵

9. 生地はオーブンシートを敷いた天板にのせ、なたね油（分量外）を塗ったラップでおおう。オーブンの発酵機能（35℃）を使い、20分間発酵させる。

10. オーブンから取り出し、別の天板をオーブンに入れて250℃に予熱する。生地はラップをはずし、表面に茶こしで強力粉（分量外）をふる。斜めに3本のクープを入れ（P49・D参照）、なたね油をたらす。生地が1.5倍に膨らんだら発酵完了。

焼く

11. 予熱した天板にオーブンシートごと移し、オーブンを220℃に下げて25〜28分焼く（ガスオーブンの場合はP15と同様）。途中、焼き色がつきすぎるようなら210℃に下げる。オーブンから取り出し、網にのせて冷ます。

POINT

アルコールはイーストの働きを阻害するので、沸騰してアルコールを飛ばしてから使用します。一度沸騰させた水分は、冷めると分量が減ります。冷ましてから、はかりで115g分計量します。

セモリナ粉＆あおさのりのバゲット

青のり入りのイタリア・ナポリの揚げパン「ツェッポレ」がヒント。
あおさのりの香りが口いっぱいに広がります。オリーブオイルを添えてどうぞ。

材料（ハーフサイズ2本分）

- 強力粉…120g
- セモリナ粉…30g
- ドライイースト
  …小さじ1/2（1.5g）
- A
  - 砂糖…3g
  - 塩…3g
  - オリーブオイル…5g
- 水…110g
- あおさのり（乾燥）…2g
- オリーブオイル（クープ用）
  …適量

PICK UP

セモリナ粉

パスタの原料やイタリア料理のフリットの衣の材料として知られる小麦粉。ざっくりした食感に仕上がるのが特徴です。

作り方

★ 生地の詳しい作り方は、P12～15を参照

材料を混ぜる

1. ボウルにAを入れて水を加える。ドライイーストをふり入れて、イーストが沈んだらゴムベラで混ぜる。

2. 粉類を一度に加えて大きく混ぜ、粉っぽさがなくなってきたら切るようにさらに混ぜる。

一次発酵（前半）・ガス抜き

3. ラップをかけ、室温（20～25℃）で3時間発酵させる。

4. 1.2～1.5倍に膨らんだらゴムベラをボウルに沿って差し込み、生地を持ち上げるようにしてガスを抜く。

一次発酵（後半）

5. 再びラップをし、室温で2時間ほど発酵させる。一次発酵の前半終了時と同じくらいの大きさに膨らんだらOK。

成形

6. 生地をバットに取り出す（P14・11～12参照）。カードで2分割し、半分はボウルに戻してラップをかける。

7. 生地を台に移し、打ち粉をした手で押さえて縦14×横10cm程度にのばす。

8. 基本のバゲットと同様に成形する（P14・13～19参照）。ハーフサイズに成形するため、生地を折るのは4～5cmにし、成形の最後に生地をつまんだ後は18cm程度の長さにととのえる。残りの生地も同様に成形する。

二次発酵

9. 生地はオーブンシートを敷いた天板にのせ、なたね油（分量外）を塗ったラップでおおう。オーブンの発酵機能（35℃）を使い、20分間発酵させる。

10. オーブンから取り出し、別の天板をオーブンに入れて250℃に予熱する。生地はラップをはずし、表面に茶こしでセモリナ粉（分量外）をふる。斜めに3本のクープを入れ（P49・D参照）、オリーブオイルをたらす。生地が1.5倍に膨らんだら発酵完了。

焼く

11. 250℃に予熱した天板にオーブンシートごと移し、オーブンを220℃に下げて20分焼く（ガスオーブンの場合は210℃で18分が目安）。途中、焼き色がつきすぎるようなら210℃に下げる。オーブンから取り出し、網にのせて冷ます。

フライドオニオン＆サラミのバゲット

香ばしいパンチのある香りが食欲をそそります。食べごたえがあるので、サラダを添えてパンランチに。サラミはハムやベーコンに替えても。

材料（1本分）

- 強力粉…150g
- ドライイースト…小さじ1/2（1.5g）

A
- 砂糖…3g
- 塩…2g
- なたね油…5g
- 水…110g

B
- フライドオニオン（市販品）…10g
- サラミソーセージ（7〜8mm角に切る）…30g

- なたね油（クープ用）…適量

PICK UP

フライドオニオン
フライドオニオンは市販品を使います。なるべく食塩不使用のものを選びましょう。

作り方

★ 生地の詳しい作り方は、P12〜15を参照

材料を混ぜる

1. ボウルにAとBを入れて水を加える。ドライイーストをふり入れて、イーストが沈んだらゴムベラで混ぜる。

2. 強力粉を加えて大きく混ぜ、粉っぽさがなくなってきたら切るようにさらに混ぜる。

一次発酵（前半）・ガス抜き

3. ラップをかけ、室温（20〜25℃）で3時間発酵させる。

4. 1.2〜1.5倍に膨らんだらゴムベラをボウルに沿って差し込み、生地を持ち上げるようにしてガスを抜く。

一次発酵（後半）

5. 再びラップをし、室温で2時間ほど発酵させる。一次発酵の前半終了時と同じくらいの大きさに膨らんだらOK。

成形

6. 生地をバットに取り出す（P14・11〜12参照）。

7. 生地を台に移し、基本のバゲットと同様に成形する（P14・13〜19参照）。

二次発酵

8. 生地はオーブンシートを敷いた天板にのせ、なたね油（分量外）を塗ったラップでおおう。オーブンの発酵機能（35℃）を使い、20分間発酵させる。

9. オーブンから取り出し、別の天板をオーブンに入れて250℃に予熱する。生地はラップをはずし、表面に茶こしで強力粉（分量外）をふる。斜めに3本のクープを入れ（P49・D参照）、なたね油をたらす。生地が1.5倍に膨らんだら発酵完了。

焼く

10. 予熱した天板にオーブンシートごと移し、オーブンを220℃に下げて25〜28分焼く（ガスオーブンの場合はP15と同様）。途中、焼き色がつきすぎるようなら210℃に下げる。オーブンから取り出し、網にのせて冷ます。

チェダーチーズのバゲット

生地の中でとろ〜っと溶けたチーズに加え、表面のパリパリに焼けたチーズの羽根もたまらない美味しさ！ チェダー以外にも、ゴーダなどお好みのチーズで。

材料（1本分）

- 強力粉…150g
- ドライイースト
  …小さじ1/2（1.5g）
- A
  - 砂糖…3g
  - 塩…3g
  - なたね油…3g
- 水…110g
- チェダーチーズ
  （50gは1.5cm角大に切り、10gはおろし金でおろす）…60g

作り方

★ 生地の詳しい作り方は、P12〜15を参照

材料を混ぜる

1. ボウルにAを入れて水を加える。ドライイーストをふり入れて、イーストが沈んだらゴムベラで混ぜる。

2. 強力粉を加えて大きく混ぜ、粉っぽさがなくなってきたら切るようにしてさらに混ぜる。

一次発酵（前半）・ガス抜き

3. ラップをかけ、室温（20〜25℃）で3時間発酵させる。

4. 1.2〜1.5倍の大きさになったら、ボウルに沿ってゴムベラを差し込み、生地を持ち上げるようにしてガスを抜く。

一次発酵（後半）

5. 再びラップをし、室温で2時間ほど発酵させる。一次発酵の前半終了時と同じくらいの大きさに膨らんだらOK。

成形

6. 生地をバットに取り出す（P14・11〜12参照）。

7. 生地を台に移し、打ち粉をした手で押さえ、縦16×横12cm程度の縦長にする。全体に角切りのチェダーチーズを散らす（写真7）。

8. 基本のバゲットと同様に成形する（P14・14〜19参照）。

二次発酵

9. 生地はオーブンシートを敷いた天板にのせ、なたね油（分量外）を塗ったラップでおおう。オーブンの発酵機能（35℃）を使い、20分間発酵させる。

10. オーブンから取り出し、別の天板をオーブンに入れて250℃に予熱する。生地はラップをはずし、斜めに3本のクープを入れ（P49・D参照）、おろしたチェダーチーズをちらす。生地が1.5倍に膨らんだら発酵完了。

焼く

11. 予熱した天板にオーブンシートごと移し、オーブンを220℃に下げて25〜28分焼く（ガスオーブンの場合はP15と同様）。途中、焼き色がつきすぎるようなら210℃に下げる。オーブンから取り出し、網にのせて冷ます。

POINT

チーズをのせたら手で押さえてしっかりなじませることで、折り込みやすくなります。

赤ワイン＆カレンツのバゲット

赤ワインでほんのり赤く染まった、おしゃれで大人味のバゲット。
ワインのおつまみに、チーズを添えれば最高のマリアージュ。

材料（1本分）

- 強力粉…150g
- ドライイースト
  …小さじ1/2（1.5g）
- A
  - 砂糖…5g
  - 塩…2g
  - なたね油…5g
- 赤ワイン…150g
- カレンツ（熱湯に2～3分つけて水気をきる）…30g
- なたね油（クープ用）…適量

作り方

★ 生地の詳しい作り方は、P12～15を参照

材料を混ぜる

1. 赤ワインは小鍋に入れて、中火で20秒ほど沸騰させ、冷ます。

2. ボウルにAとカレンツを入れて、1の赤ワイン115gを加える。ドライイーストをふり入れて、イーストが沈んだらゴムベラで混ぜる。

3. 強力粉を加えて大きく混ぜ、粉っぽさがなくなってきたら切るようにさらに混ぜる（写真3）。

一次発酵（前半）・ガス抜き

4. ラップをかけ、室温（20～25℃）で3時間発酵させる。

5. 1.2～1.5倍に膨らんだらゴムベラをボウルに沿って差し込み、生地を持ち上げるようにしてガスを抜く。

一次発酵（後半）

6. 再びラップをし、室温で2時間ほど発酵させる。一次発酵の前半終了時と同じくらいの大きさに膨らんだらOK。

成形

7. 生地をバットに取り出す（P14・11～12参照）。

8. 生地を台に移し、基本のバゲットと同様に成形する（P14・13～19参照）。

二次発酵

9. 生地はオーブンシートを敷いた天板にのせ、なたね油（分量外）を塗ったラップでおおう。オーブンの発酵機能（35℃）を使い、20分間発酵させる。

10. オーブンから取り出し、別の天板をオーブンに入れて250℃に予熱する。生地はラップをはずし、表面に茶こしで強力粉（分量外）をふる。斜めに3本のクープを入れ（P49・D参照）、なたね油をたらす。生地が1.5倍に膨らんだら発酵完了。

焼く

11. 予熱した天板にオーブンシートごと移し、オーブンを220℃に下げて25～28分焼く（ガスオーブンの場合はP15と同様）。途中、焼き色がつきすぎるようなら210℃に下げる。オーブンから取り出し、網にのせて冷ます。

POINT

赤ワインの色が粉全体にまんべんなくいきわたるように混ぜましょう。

トマトジュース＆バジルのバゲット

水の代わりにトマトジュースを使うことで、濃厚なトマトのうま味と香りが凝縮！
フレッシュバジルの風味と合わさり、イタリアンテイストのバゲットに。

材料（ハーフサイズ2本分）

- 強力粉…150g
- ドライイースト
  …小さじ1/2（1.5g）
- A
  - 砂糖…3g
  - 塩…3g
  - オリーブオイル…5g
- トマトジュース（食塩不使用）
  …130g
- バジルの葉…6〜8枚
- オリーブオイル（クープ用）
  …適量

POINT

バジルを生地の横中央に並べ、生地を向こう側から持ち上げてバジルを包むように巻き込みます。

作り方

★ 生地の詳しい作り方は、P12〜15を参照

材料を混ぜる

1．ボウルにAを入れてトマトジュースを加える。ドライイーストをふり入れて、イーストが沈んだらゴムベラで混ぜる。

2．強力粉を加えて大きく混ぜ、粉っぽさがなくなってきたら切るようにさらに混ぜる。

一次発酵（前半）・ガス抜き

3．ラップをかけ、室温（20〜25℃）で3時間発酵させる。

4．1.2〜1.5倍に膨らんだらゴムベラをボウルに沿って差し込み、生地を持ち上げるようにしてガスを抜く。

一次発酵（後半）

5．再びラップをし、室温で2時間ほど発酵させる。一次発酵の前半終了時と同じくらいの大きさに膨らんだらOK。

成形

6．生地をバットに取り出す（P14・11〜12参照）。カードで2分割し、半分はボウルに戻してラップをかける。

7．生地を台に移し、打ち粉をした手で押さえて縦14×横10cm程度にのばす。向こう側から4〜5cmほど折っておさえ、手前からも同様に折り、指全体で押さえる。

8．生地の中央にバジルをのせる（写真8）。再び向こう側から折って押さえるを2回繰り返し、基本のバゲットと同様に成形する（P14・17〜19参照）。ハーフサイズに形成するため、成形の最後に生地をつまんだ後は18cm程度の長さにととのえる。残りの生地も同様に成形する。

二次発酵

9．生地はオーブンシートを敷いた天板にのせ、なたね油（分量外）を塗ったラップでおおう。オーブンの発酵機能（35℃）を使い、20分間発酵させる。

10．オーブンから取り出し、別の天板をオーブンに入れて250℃に予熱する。生地はラップをはずし、表面に茶こしで強力粉（分量外）をふる。縦に1本のクープを入れ（P49・E参照）、オリーブオイルをたらす。生地が1.5倍に膨らんだら発酵完了。

焼く

11．予熱した天板にオーブンシートごと移し、オーブンを220℃に下げて20分焼く（ガスオーブンの場合はP25と同様）。途中、焼き色がつきすぎるようなら210℃に下げる。オーブンから取り出し、網にのせて冷ます。

豆乳＆きな粉の
バゲット

黒米のバゲット

黒米のバゲット

黒米のプチプチ食感が楽しいシックなバゲット。ポリフェノールたっぷりの黒米の茹で汁も使い、ヘルシーな紫色の生地が新鮮！

材料（1本分）

- 強力粉…150g
- ドライイースト…小さじ1/2（1.5g）
- A
  - 砂糖…5g
  - 塩…3g
  - なたね油…5g
- 黒米…50g
- 水…300〜400cc
- なたね油（クープ用）…適量

作り方

★ 生地の詳しい作り方は、P12〜15を参照

材料を混ぜる

1．小鍋に黒米と水を入れて、沸騰したら弱火にし、20分茹でてザルに上げる。冷めてから、黒米に茹で汁を合わせて165gになるよう取り分ける。（写真1）

2．ボウルにAを入れて1の黒米と茹で汁を加える。ドライイーストをふり入れて、イーストが沈んだらゴムベラで混ぜる。

3．強力粉を加えて大きく混ぜ、粉っぽさがなくなってきたら切るようにさらに混ぜる。

一次発酵（前半）・ガス抜き

4．ラップをかけ、室温（20〜25℃）で3時間発酵させる。

5．1.2〜1.5倍に膨らんだらゴムベラをボウルに沿って差し込み、生地を持ち上げるようにしてガスを抜く。

一次発酵（後半）

6．再びラップをし、室温で2時間ほど発酵させる。一次発酵の前半終了時と同じくらいの大きさに膨らんだらOK。

成形

7．生地をバットに取り出す（P14・11〜12参照）。

8．生地を台に移し、基本のバゲットと同様に成形する（P14・13〜19参照）。

二次発酵

9．生地はオーブンシートを敷いた天板にのせ、なたね油（分量外）を塗ったラップでおおう。オーブンの発酵機能（35℃）を使い、20分間発酵させる。

10．オーブンから取り出し、別の天板をオーブンに入れて250℃に予熱する。生地はラップをはずし、表面に茶こしで強力粉（分量外）をふる。斜めに3本のクープを入れ（P49・D参照）、なたね油をたらす。生地が1.5倍に膨らんだら発酵完了。

焼く

11．予熱した天板にオーブンシートごと移し、オーブンを220℃に下げて25〜28分焼く（ガスオーブンの場合はP15と同様）。途中、焼き色がつきすぎるようなら210℃に下げる。オーブンから取り出し、網にのせて冷ます。

POINT

黒米と茹で汁はいったん分け、茹で汁が冷めたら、黒米と合わせて165gになるようにはかりで計ります。

豆乳＆きな粉のバゲット

生地に豆乳を加えたバゲット。はじめはやわらかな生地が時間がたつにつれてしまり、しっかりした食感のパンになります。きな粉の香ばしさがアクセントに。

材料（ハーフサイズ2本分）

- 強力粉…150g
- ドライイースト…小さじ1/2（1.5g）
- A
  - 砂糖…10g
  - 塩…2g
  - なたね油…5g
- 豆乳（無調整タイプ）…120g
- きな粉…小さじ1
- なたね油（クープ用）…適量

POINT

きな粉は手につくと後の作業がしにくくなるので、ラップを手に巻いて広げるのがおすすめ。

作り方

★ 生地の詳しい作り方は、P12〜15を参照

材料を混ぜる

1. ボウルにAを入れて豆乳を加える。ドライイーストをふり入れて、イーストが沈んだらゴムベラで混ぜる。

2. 強力粉を加えて大きく混ぜ、粉っぽさがなくなってきたら切るようにさらに混ぜる。

一次発酵（前半）・ガス抜き

3. ラップをかけ、室温（20〜25℃）で3時間発酵させる。

4. 1.2〜1.5倍に膨らんだらゴムベラをボウルに沿って差し込み、生地を持ち上げるようにしてガスを抜く。

一次発酵（後半）

5. 再びラップをし、室温で2時間ほど発酵させる。一次発酵の前半終了時と同じくらいの大きさに膨らんだらOK。

成形

6. 生地をバットに取り出す（P14・11〜12参照）。カードで2分割し、半分はボウルに戻してラップをかける。

7. 生地を台に移し、打ち粉をした手で押さえて縦14×横10cm程度にのばす。生地の周り2cmを残して、きなこ半量をふる（写真7）。

8. 基本のバゲットと同様に成形する（P14・13〜19参照）。ハーフサイズに成形するため、生地を折るのは4〜5cmにし、成形の最後に生地をつまんだ後は18cm程度の長さにととのえる。残りの生地もきなこ半量を使って同様に成形する。

二次発酵

9. 生地はオーブンシートを敷いた天板にのせ、なたね油（分量外）を塗ったラップでおおう。オーブンの発酵機能（35℃）を使い、20分間発酵させる。

10. オーブンから取り出し、別の天板をオーブンに入れて250℃に予熱する。生地はラップをはずし、表面に茶こしで強力粉（分量外）をふる。斜めに2本のクープを入れ、なたね油をたらす。生地が1.5倍に膨らんだら発酵完了。

焼く

11. 予熱した天板にオーブンシートごと移し、オーブンを220℃に下げて20分焼く（ガスオーブンの場合はP25と同様が目安）。途中、焼き色がつきすぎるようなら210℃に下げる。オーブンから取り出し、網にのせて冷ます。

BASIC / EPI

基本のエピの作り方

材料（2個分）

- 強力粉…150g
- ドライイースト…小さじ1/2（1.5g）
- 砂糖…3g
- 塩…3g
- なたね油…3g
- 水…110g

○ タイムスケジュール

材料を混ぜる	5分
一次発酵（前半）・ガス抜き	3時間
一次発酵（後半）	2時間
成形	5分
二次発酵	35〜40分
焼く	18分

まず、**基本のバケット**（P12〜14）の**成形12**までと同様に作る

成形・二次発酵・焼く

1. 生地はカードで2分割し、半分はボウルに戻してラップをかける。

2. 粉がついたほうを下にして台に移し、打ち粉をした手で押さえて縦9×横14cm程度にのばす。

3. 向こう側から3cm程度折って押さえる。

4 手前からも同様に折り、しっかり押さえ、20〜22cmの横長にする。

5 再び向こう側から折って押さえる。(親指を差し込んで、生地を張らせるように折るのがコツ)。

6 生地を転がして太さを均一にし、25cm程度の長さにととのえる。とじ目を上にして、指で押しながら横一列に溝を作る。

7 生地を上下から寄せ、しっかりつまんでとじる。残りの生地も同様に成形する。

8 オーブンシートを敷いた天板に生地のとじ目を下にしてのせ、なたね油(分量外)を塗ったラップでおおう。二次発酵35〜40分のうち、はじめの20分はオーブンの発酵機能(35℃)でおこなう。

9 オーブンから取り出し、別の天板を入れて250℃に予熱する。生地はラップをはずし、表面に茶こしで強力粉(分量外)をふり、粉をふったキッチンバサミで5〜6か所、斜めに深く切り込んで互い違いに左右に大きく開く。

10 最終的に1.5倍に膨らんだら二次発酵は完了。予熱した天板にオーブンシートごと移す。オーブンを220℃に下げ、18分焼く。(ガスオーブンの場合は210℃で16分が目安)。途中で焼き色がつきすぎるようなら温度を210℃に下げ、焼き上がったら網にのせて冷ます。

ベーコン&チーズのエピ

パン屋さんで大人気のベーコンエピが、家庭でこんなに簡単にできるなんて感激！
チーズはゴーダチーズなどのハード系ナチュラルチーズを使いましょう。

材料（2本分）

- 強力粉…150g
- ドライイースト
  …小さじ1/2（1.5g）
- A
  - 砂糖…3g
  - 塩…3g
  - なたね油…3g
- 水…110g
- スライスベーコン…2枚（30g）
- チーズ（5〜6mm角の棒状に切る）…40g

作り方

★ 生地の詳しい作り方は、P12〜15、38〜39を参照

材料を混ぜる

1. ボウルにAを入れて水を加える。ドライイーストをふり入れて、イーストが沈んだらゴムベラで混ぜる。

2. 強力粉を加えて大きく混ぜ、粉っぽさがなくなってきたら切るようにさらに混ぜる。

一次発酵（前半）・ガス抜き

3. ラップをかけ、室温（20〜25℃）で3時間発酵させる。

4. 1.2〜1.5倍に膨らんだらゴムベラをボウルに沿って差し込み、生地を持ち上げるようにしてガスを抜く。

一次発酵（後半）

5. 再びラップをし、室温で2時間ほど発酵させる。一次発酵の前半終了時と同じくらいの大きさに膨らんだらOK。

成形

6. 生地をバットに取り出す（P14・11〜12参照）。

7. 生地はカードで2分割し、半分はボウルに戻してラップをかける。粉がついたほうを下にして台に移し、打ち粉をした手で押さえて縦8×横18cm程度にのばす。

8. 向こう側から2〜3cm折って、ベーコンの長さになるように押さえてのばす。ベーコンとチーズの半量をのせ、再び向こう側から折って押さえる（写真8）。

9. 手前からも同様に折り、しっかり押さえ、20〜22cmの横長にする。基本のエピと同様に中央に溝を作って生地をとじる（P39・6〜7参照）。残りの生地も同様に成形する。

二次発酵

10. 基本のエピと同様に二次発酵させる（P39・8〜9参照）。

焼く

11. 基本のエピと同様に焼く（P39・10参照）。

POINT

生地の横中央にベーコンとチーズを並べのせ、向こう側から包み込むように生地を寄せ、はみ出さないようにしっかり押さえてとじます。

プルーンのエピ

イチジク&
ブルーチーズのエピ

スモークサーモン&
ディルのエピ

あんこのエピ

プルーンのエピ

プルーン入りの生地は、かむほどに自然な甘みがじんわり。
アツアツの焼き立てにバターをつけるといっそう美味。

材料（2本分）

- 強力粉…150g
- ドライイースト
  …小さじ1/2（1.5g）
- A
  - 砂糖…3g
  - 塩…3g
  - なたね油…3g
- 水…110g
- プルーン（種抜き・刻む）
  …50g

POINT

成形のときにはみ出さないように、生地の左右を1〜2cm残して、プルーンを並べます。

作り方

＊ 生地の詳しい作り方は、P12〜15、38〜39を参照

材料を混ぜる

1. ボウルにAを入れて水を加える。ドライイーストをふり入れて、イーストが沈んできたらゴムベラで混ぜる。

2. 強力粉を加えて大きく混ぜ、粉っぽさがなくなってきたら切るようにさらに混ぜる。

一次発酵（前半）・ガス抜き

3. ラップをかけ、室温（20〜25℃）で3時間発酵させる。

4. 1.2〜1.5倍に膨らんだらゴムベラをボウルに沿って差し込み、生地を持ち上げるようにしてガスを抜く。

一次発酵（後半）

5. 再びラップをし、室温で2時間ほど発酵させる。一次発酵の前半終了時と同じくらいの大きさに膨らんだらOK。

成形

6. 生地をバットに取り出す（P14・11〜12参照）。

7. 生地はカードで2分割し、半分はボウルに戻してラップをかける。粉がついたほうを下にして台に移し、打ち粉をした手で押さえて縦8×横18cm程度にのばす。

8. 向こう側から2〜3cm折って押さえ、横中央にプルーン半量をのせ、再び向こう側から折って押さえる（写真8）。

9. 手前からも同様に折り、しっかり押さえ、20〜22cmの横長にする。基本のエピと同様に中央に溝を作って生地をとじる（P39・6〜7参照）。残りの生地も同様に成形する。

二次発酵

10. 基本のエピと同様に二次発酵させる（P39・8〜9参照）。

焼く

11. 基本のエピと同様に焼く（P39・10参照）。

イチジク＆ブルーチーズのエピ

プチプチとかみごたえのあるイチジクが、
ちょっとクセのあるブルーチーズをまろやかにまとめてくれます。

材料（2本分）

- 強力粉…150g
- ドライイースト
  …小さじ1/2（1.5g）
- A
  - 砂糖…3g
  - 塩…2g
  - なたね油…3g
- 水…110g
- ドライイチジク
  （湯につけて柔らかくし、
  水気をきって刻む）…30g
- ブルーチーズ（細切りにする）
  …25g

作り方

★ 生地の詳しい作り方は、P12〜15、38〜39を参照

材料を混ぜる

1. ボウルにAを入れて水を加える。ドライイーストをふり入れて、イーストが沈んだらゴムベラで混ぜる。

2. 強力粉を加えて大きく混ぜ、粉っぽさがなくなってきたら切るようにさらに混ぜる。

一次発酵（前半）・ガス抜き

3. ラップをかけ、室温（20〜25℃）で3時間発酵させる。

4. 1.2〜1.5倍に膨らんだらゴムベラをボウルに沿って差し込み、生地を持ち上げるようにしてガスを抜く。

一次発酵（後半）

5. 再びラップをし、室温で2時間ほど発酵させる。一次発酵の前半終了時と同じくらいの大きさに膨らんだらOK。

成形

6. 生地をバットに取り出す（P14・11〜12参照）。

7. 生地はカードで2分割し、半分はボウルに戻してラップをかける。粉がついたほうを下にして台に移し、打ち粉をした手で押さえて縦8×横18cm程度にのばす。

8. 向こう側から2〜3cm折って押さえ、横中央にイチジクとブルーチーズ半量をのせ、再び向こう側から折って押さえる。

9. 手前からも同様に折り、しっかり押さえ、20〜22cmの横長にする。基本のエピと同様に中央に溝を作って生地をとじる（P39・6〜7参照）。残りの生地も同様に成形する。

二次発酵

10. 基本のエピと同様に二次発酵させる（P39・8〜9参照）。

焼く

11. 基本のエピと同様に焼く（P39・10参照）。

スモークサーモン＆ディルのエピ

さわやかで甘い香りが特徴のハーブ・ディルが、
スモークサーモンのおいしさを最大限に引き出すワンランク上のエピ。

材料（2本分）

- 強力粉…150g
- ドライイースト…小さじ1/2（1.5g）
- A
  - 砂糖…3g
  - 塩…3g
  - なたね油…3g
- 水…110g
- スモークサーモン…4枚（20g）
- ディル…適量

作り方

★ 生地の詳しい作り方は、P12〜15、38〜39を参照

材料を混ぜる

1. ボウルにAを入れて水を加える。ドライイーストをふり入れて、イーストが沈んだらゴムベラで混ぜる。

2. 強力粉を加えて大きく混ぜ、粉っぽさがなくなってきたら切るようにさらに混ぜる。

一次発酵（前半）・ガス抜き

3. ラップをかけ、室温（20〜25℃）で3時間発酵させる。

4. 1.2〜1.5倍に膨らんだらゴムベラをボウルに沿って差し込み、生地を持ち上げるようにしてガスを抜く。

一次発酵（後半）

5. 再びラップをし、室温で2時間ほど発酵させる。一次発酵の前半終了時と同じくらいの大きさに膨らんだらOK。

成形

6. 生地をバットに取り出す（P14・11〜12参照）。

7. 生地はカードで2分割し、半分はボウルに戻してラップをかける。粉がついたほうを下にして台に移し、打ち粉をした手で押さえて縦8×横18cm程度にのばす。

8. 向こう側から2〜3cm折って押さえ、横中央にスモークサーモンとディル半量をのせ、再び向こう側から折って押さえる（写真8）。

9. 手前からも同様に折り、しっかり押さえ、20〜22cmの横長にする。基本のエピと同様に中央に溝を作って生地をとじる（P39・6〜7参照）。残りの生地も同様に成形する。

二次発酵

10. 基本のエピと同様に二次発酵させる（P39・8〜9参照）。

焼く

11. 基本のエピと同様に焼く（P39・10参照）。

POINT

スモークサーモンは生地の横一列にいきわたるように重ねながらのせます。

あんこのエピ

あんこがギュッとつまった和風のスイートエピ。
バターやクリームチーズを添えて、緑茶とともにおやつタイムにどうぞ。

材料（2本分）

- 強力粉…150g
- ドライイースト
  …小さじ1/2（1.5g）
- A
  - 砂糖…3g
  - 塩…3g
  - なたね油…3g
- 水…110g
- 粒あん（市販品）…80g

作り方

★ 生地の詳しい作り方は、P12〜15、38〜39を参照

材料を混ぜる

1. ボウルにAを入れて水を加える。ドライイーストをふり入れて、イーストが沈んだらゴムベラで混ぜる。

2. 強力粉を加えて大きく混ぜ、粉っぽさがなくなってきたら切るようにさらに混ぜる。

一次発酵（前半）・ガス抜き

3. ラップをかけ、室温（20〜25℃）で3時間発酵させる。

4. 1.2〜1.5倍に膨らんだらゴムベラをボウルに沿って差し込み、生地を持ち上げるようにしてガスを抜く。

一次発酵（後半）

5. 再びラップをし、室温で2時間ほど発酵させる。一次発酵の前半終了時と同じくらいの大きさに膨らんだらOK。

成形

6. 生地をバットに取り出す（P14・11〜12参照）。

7. 生地はカードで2分割し、半分はボウルに戻してラップをかける。粉がついたほうを下にして台に移し、打ち粉をした手で押さえて縦8×横18cm程度にのばす。

8. 向こう側から2〜3cm折って押さえ、横中央に粒あん半量をのせ、再度向こう側から折って押さえる（写真8）。

9. 手前からも同様に折り、しっかり押さえ、20〜22cmの横長にする。基本のエピと同様に中央に溝を作って生地をとじる（P39・6〜7参照）。残りの生地も同様に成形する。

二次発酵

10. 基本のエピと同様に二次発酵させる（P39・8〜9参照）。

焼く

11. 基本のエピと同様に焼く（P39・10参照）。

POINT

左右1〜2cmを残し、横中央に粒あんをのせます。粒あんのほか、こしあんやイモあんなどでアレンジしても。

BASIC / CAMPAGNE

基本のカンパーニュの作り方

材料（1個分）
- 強力粉…150g
- ドライイースト…小さじ1/2（1.5g）
- 砂糖…3g
- 塩…3g
- なたね油…3g
- 水…110g
- なたね油（クープ用）…適量

○ タイムスケジュール

材料を混ぜる	5分
一次発酵（前半）・ガス抜き	3時間
一次発酵（後半）	2時間
成形	5分
二次発酵	40〜50分
焼く	30分

まず、**基本のバケット**（P12〜14）の**成形12**までと同様に作る

成形・二次発酵・焼く

1. 生地は粉がついたほうを下にして台に移し、打ち粉をした手で直径15cm程度の円形にととのえる。生地の下に手を差し込み、周りから5cmほど折って押さえ、少しずつずらしながら8〜10回折って一周する。ひと回り小さい円形になればOK。

2. とじ目を下にして生地を持ち、手のひらで周りの生地を底に集めるようにして表面を張らせて丸く形をととのえる。

3. オーブンシートを敷いた天板に生地のとじ目を下にしてのせ、なたね油（分量外）を塗ったラップでおおう。二次発酵40〜50分のうち、はじめの25分はオーブンの発酵機能（35℃）でおこなう。オーブンから取り出し、別の天板を入れて250℃に予熱する。

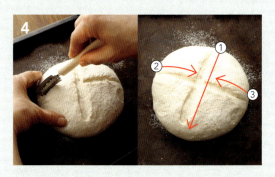

最終的に1.5倍に膨らんだら二次発酵は完了。予熱した天板にオーブンシートごと移し、オーブンを220℃に下げ、30分焼く（ガスオーブンの場合は210℃で25分が目安）。途中、焼き色がつきすぎるようなら210℃に下げる。オーブンから取り出し、網にのせて冷ます。

生地はラップをはずし、表面に茶こしで強力粉（分量外）をふり、5分おいて表面が乾燥してきたらクープナイフかカッターで十文字にクープ（切り込み）を入れる。クープの溝になたね油をたらしてのばす。

クープの入れ方

クープとはパンの表面に入れる切り込みのことです。火の通りを良くし、生地がふっくらと均一に膨らむのを助ける役割があります。

入れ方のポイント

1. 一気にすっと入れる
2. 刃を入れる順番に注意
3. 深さは7mmほど

クープナイフ（P92）を使います。刃は思いきって一気に入れるほうが上手に仕上がります。

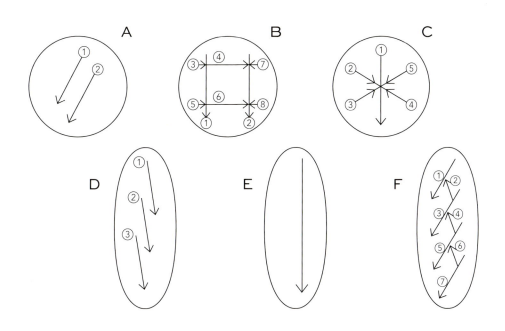

49

オリーブのカンパーニュ

フレッシュなグリーンオリーブと、コクのある完熟の黒オリーブの2種を混ぜ込んで、かむほどに奥深い味わい。どちらか1種で作っても。

材料(1個分)

- 強力粉…150g
- ドライイースト
  …小さじ1/2(1.5g)

A
- 砂糖…3g
- 塩…3g
- オリーブオイル…3g

- 水…110g

B
- 黒オリーブの実
  (半分に切る)…30g
- グリーンオリーブの実
  (半分に切る)…30g

- オリーブオイル(クープ用)
  …適量

作り方

★ 生地の詳しい作り方は、P12〜15、48〜49を参照

材料を混ぜる

1. ボウルにAとBを入れて水を加える。ドライイーストをふり入れて、イーストが沈んだらゴムベラで混ぜる。

2. 強力粉を加えて大きく混ぜ、粉っぽさがなくなってきたら切るようにさらに混ぜる。

一次発酵(前半)・ガス抜き

3. ラップをかけ、室温(20〜25℃)で3時間発酵させる。

4. 1.2〜1.5倍に膨らんだらゴムベラをボウルに沿って差し込み、生地を持ち上げるようにしてガスを抜く。

一次発酵(後半)

5. 再びラップをし、室温で2時間ほど発酵させる。一次発酵の前半終了時と同じくらいの大きさに膨らんだらOK。

成形

6. 生地をバットに取り出す(P14・11〜12参照)。

7. 粉がついたほうを下にして台に移し、基本のカンパーニュと同様に成形する(P48・1〜2参照)

二次発酵

8. 基本のカンパーニュと同様に二次発酵させる(P48・3参照)

9. 生地はラップをはずし、茶こしで強力粉(分量外)をふり、平行に2本のクープを入れ(P49・A参照)、オリーブオイルをたらす。生地が1.5倍に膨らんだら発酵完了。

焼く

10. 予熱した天板にオーブンシートごと移し、オーブンを220℃に下げて30分焼く(ガスオーブンの場合はP49と同様)。途中、焼き色がつきすぎるようなら210℃に下げる。オーブンから取り出し、網にのせて冷ます。

PICK UP

オリーブの実

早摘みのグリーンは軽やか、完熟の黒は濃厚なコクが特徴です。二つのオリーブを合わせることで、奥深い味わいに。本書では種なしを使用します。

さつまいも＆ごまのカンパーニュ

ココア＆ クランベリーのカンパーニュ

ローズマリー＆
ピンクペッパーの
カンパーニュ

ピーナッツのカンパーニュ

ピーナッツのカンパーニュ

ローズマリー&
ピンクペッパーの
カンパーニュ

さつまいも&ごまのカンパーニュ

ココア&クランベリーのカンパーニュ

さつまいも＆ごまのカンパーニュ

しっとり＆もっちりのパン生地に、ホクホクのさつまいもが絶妙にマッチ！
ほんのり甘く、食べごたえも満点です。

材料（1個分）

- 強力粉…150g
- ドライイースト
  …小さじ1/2（1.5g）
- A
  - 砂糖…10g
  - 塩…3g
  - なたね油…3g
- 水…110g
- さつまいも（皮つき）…120g
- 黒炒りごま…10g
- なたね油（クープ用）…適量

POINT

さつまいもが生地になじみにくいので、ゴムベラでさっくりと混ぜてから、手にポリ袋をかぶせ、生地をぎゅっとつかむようにして均一に混ぜます。

作り方

＊ 生地の詳しい作り方は、P12〜15、48〜49を参照

材料を混ぜる

1. さつまいもは皮ごとよく洗って1.5cm角に切る。1分ほど茹で、水気をきる。

2. ボウルにAと黒炒りごまを入れて水を加える。ドライイーストをふり入れて、イーストが沈んだらゴムベラで混ぜる。

3. 強力粉と1を加えて大きく混ぜ、水分がなじんだら手にポリ袋をかぶせてにぎるように混ぜる（写真3）。

一次発酵（前半）・ガス抜き

4. ラップをかけ、室温（20〜25℃）で3時間発酵させる。

5. 1.2〜1.5倍に膨らんだらゴムベラをボウルに沿って差し込み、生地を持ち上げるようにしてガスを抜く。

一次発酵（後半）

6. 再びラップをし、室温で2時間ほど発酵させる。一次発酵の前半終了時と同じくらいの大きさに膨らんだらOK。

成形

7. 生地をバットに取り出す（P14・11〜12参照）。

8. 粉がついたほうを下にして台に移し、基本のカンパーニュと同様に成形する（P48・1〜2参照）。

二次発酵

9. 基本のカンパーニュと同様に二次発酵させる（P48・3参照）。

10. 生地はラップをはずし、茶こしで強力粉（分量外）をふり、「井」の字のようにクープを入れ（P49・B参照）、なたね油をたらす。生地が1.5倍に膨らんだら発酵完了。

焼く

11. 予熱した天板にオーブンシートごと移し、オーブンを220℃に下げて30分焼く（ガスオーブンの場合はP49と同様）。途中、焼き色がつきすぎるようなら210℃に下げる。オーブンから取り出し、網にのせて冷ます。

ココア&クランベリーのカンパーニュ

ココアのほろ苦さとクランベリーのさわやかな甘酸っぱさが好相性。
マスカルポーネを沿えると至福の美味しさ!

材料(ハーフサイズ2個分)

- 強力粉…150g
- ココアパウダー…15g
- ドライイースト
  …小さじ1/2(1.5g)
- A
  - 砂糖…10g
  - 塩…2g
  - なたね油…5g
- 水…125g
- ドライクランベリー…20g
- なたね油(クープ用)…適量

作り方

★ 生地の詳しい作り方は、P12〜15、48〜49を参照

材料を混ぜる

1. ボウルに**A**とドライクランベリーを入れて水を加える。ドライイーストをふり入れて、イーストが沈んだらゴムベラで混ぜる。

2. 別のボウルに強力粉とココアパウダーを合わせて混ぜ(写真2)、**1**に加えて大きく混ぜ、粉っぽさがなくなってきたら切るようにさらに混ぜる。

一次発酵(前半)・ガス抜き

3. ラップをかけ、室温(20〜25℃)で3時間発酵させる。

4. 1.2〜1.5倍に膨らんだらゴムベラをボウルに沿って差し込み、生地を持ち上げるようにしてガスを抜く。

一次発酵(後半)

5. 再びラップをし、室温で2時間ほど発酵させる。一次発酵の前半終了時と同じくらいの大きさに膨らんだらOK。

成形

6. 生地をバットに取り出す(P14・11〜12参照)。カードで2分割し、半分はボウルに戻してラップをかける。

7. 粉がついたほうを下にして台に移し、打ち粉をした手で直径12cm程度の円形にととのえる。基本のカンパーニュと同様に成形する(P48・1〜2参照)。残りの生地も同様に成形する。

二次発酵

8. 基本のカンパーニュと同様に二次発酵させる(P48・3参照)。

9. 生地はラップをはずし、茶こしで強力粉(分量外)をふり、平行に2本のクープを入れ(P49・A参照)、なたね油をたらす。生地が1.5倍に膨らんだら発酵完了。

焼く

10. 予熱した天板にオーブンシートごと移し、オーブンを220℃に下げて20分焼く(ガスオーブンの場合は210℃で18分が目安)。途中、焼き色がつきすぎるようなら210℃に下げる。オーブンから取り出し、網にのせて冷ます。

POINT

ココアパウダーがムラにならないよう、あらかじめ強力粉と混ぜ合わせてから水分に加えます。

ピーナッツのカンパーニュ

ピーナッツバターと炒ったピーナッツのダブル使いで、とびきりの香ばしさ。
スライスしてこんがりトーストするのがおすすめ！

材料（1個分）

- 強力粉…150g
- ドライイースト
  …小さじ1/2（1.5g）
- A
  - 砂糖…5g
  - 塩…2g
  - 無糖ピーナッツバター
    …20g
- 水…110g
- ピーナッツ（薄皮つき）…20g
- なたね油（クープ用）…適量

作り方

★ 生地の詳しい作り方は、P12〜15、48〜49を参照

材料を混ぜる

1. ピーナッツはフライパンで香ばしく炒り、薄皮をむいて粗く刻む。

2. ボウルにAと1を入れて水を加える。ドライイーストをふり入れて、イーストが沈んだらゴムベラで混ぜる。

3. 強力粉を加えて大きく混ぜ、粉っぽさがなくなってきたら切るようにさらに混ぜる。

一次発酵（前半）・ガス抜き

4. ラップをかけ、室温（20〜25℃）で3時間発酵させる。

5. 1.2〜1.5倍に膨らんだらゴムベラをボウルに沿って差し込み、生地を持ち上げるようにしてガスを抜く。

一次発酵（後半）

6. 再びラップをし、室温で2時間ほど発酵させる。一次発酵の前半終了時と同じくらいの大きさに膨らんだらOK。

成形

7. 生地をバットに取り出す（P14・11〜12参照）。

8. 粉がついたほうを下にして台に移し、基本のカンパーニュと同様に成形する（P48・1〜2参照）。

二次発酵

9. 基本のカンパーニュと同様に二次発酵させる（P48・3参照）。

10. 生地はラップをはずし、茶こしで強力粉（分量外）をふり、クープを入れ（P49・C参照）、なたね油をたらす。生地が1.5倍に膨らんだら発酵完了。

焼く

11. 予熱した天板にオーブンシートごと移し、オーブンを220℃に下げて30分焼く（ガスオーブンの場合はP49と同様）。途中、焼き色がつきすぎるようなら210℃に下げる。オーブンから取り出し、網にのせて冷ます。

PICK UP

**ピーナッツバター &
ピーナッツ**

なたね油の代わりに無糖のピーナッツバターを使います。できれば味つけされていないピーナッツを使いましょう。

ローズマリー&ピンクペッパーの
カンパーニュ

フレッシュなローズマリーと、すっきりとした香味のピンクペッパーの意外な組み合わせ。サラダやスープに合わせたいパンです。

材料（ハーフサイズ2個分）

・強力粉…150g
・ドライイースト…小さじ1/2（1.5g）

A
・砂糖…3g
・塩…3g
・オリーブオイル…3g

・水…110g

B
・ローズマリー（葉を摘んで刻む）…1枝
・ピンクペッパー…小さじ1

・オリーブオイル（クープ用）…適量

作り方

★ 生地の詳しい作り方は、P12〜15、48〜49を参照

材料を混ぜる

1. ボウルにAとBを入れて水を加える。ドライイーストをふり入れて、イーストが沈んだらゴムベラで混ぜる。

2. 強力粉を加えて大きく混ぜ、粉っぽさがなくなってきたら切るようにさらに混ぜる。

一次発酵（前半）・ガス抜き

3. ラップをかけ、室温（20〜25℃）で3時間発酵させる。

4. 1.2〜1.5倍に膨らんだらゴムベラをボウルに沿って差し込み、生地を持ち上げるようにしてガスを抜く。

一次発酵（後半）

5. 再びラップをし、室温で2時間ほど発酵させる。一次発酵の前半終了時と同じくらいの大きさに膨らんだらOK。

成形

6. 生地をバットに取り出す（P14・11〜12参照）。カードで2分割し、半分はボウルに戻してラップをかける。

7. 粉がついたほうを下にして台に移し、打ち粉をした手で直径12cm程度の円形にととのえる。基本のカンパーニュと同様に成形する（P48・1〜2参照）。残りの生地も同様に成形する。

二次発酵

8. 基本のカンパーニュと同様に二次発酵させる（P48・3参照）。

9. 生地はラップをはずし、茶こしで強力粉（分量外）をふり、中央に1本のクープを入れ、オリーブオイルをたらす。生地が1.5倍に膨らんだら発酵完了。

焼く

10. 予熱した天板にオーブンシートごと移し、オーブンを220℃に下げて20分焼く（ガスオーブンの場合はP55と同様）。途中、焼き色がつきすぎるようなら210℃に下げる。オーブンから取り出し、網にのせて冷ます。

PICK UP

ローズマリー

フレッシュなローズマリーは香りも格別。1枝分の葉を刻むと小さじ1が目安です。ドライを使う場合も同量でOK。

PART 2
もっちり系のこねないパン

もっちりと弾力のある食感が魅力。
食パンと、ねじって成形するユニークな
ねじねじパンを紹介します。

BASIC / PLAIN BREAD

基本の食パンの作り方

材料（縦8×横18×高さ6cmのパウンド型1個分）

- 強力粉…150g
- ドライイースト…小さじ1/2（1.5g）
- 砂糖…3g
- 塩…3g
- なたね油…3g
- 水…110g

[準備] パウンド型の内側に
薄くなたね油（分量外）をぬり、
底にオーブンシートを敷いておく

タイムスケジュール

材料を混ぜる	5分
一次発酵（前半）・ガス抜き	3時間
一次発酵（後半）	2時間
成形	5分
二次発酵	40〜50分
焼く	30分

まず、**基本のバケット**（P12〜14）の**成形12**までと同様に作る

成形・二次発酵・焼く

1. 生地は粉がついたほうを下にして台に移し、打ち粉をした手で縦20×横15cm程度にのばす。

2. 左右から4〜5cmずつ折って押さえ、約10cm幅の長方形にする。

3. 手前から生地を引き気味にして表面を張らせるようにしながらしっかり巻く。

巻いた状態。

転がして太さを均一にし、18cm程度の長さにととのえる。

巻き終わりを下にして型に入れる。

生地を手で押さえ、なたね油（分量外）を塗ったラップをふんわりかける。天板にのせ、二次発酵40〜50分のうち、はじめの30分はオーブンの発酵機能（35℃）でおこなう。

オーブンから天板ごと取り出し、暖かいところで発酵させる。その間に、オーブンは210℃に予熱する。生地が型から少し出たら二次発酵は完了。ラップをはずし、天板ごとオーブンに入れる。

210℃で30分焼く（ガスオーブンの場合は200℃で25分が目安）。途中、焼き色がつきすぎるようなら200℃に下げる。オーブンから取り出し、型からはずして網にのせて冷ます。

クランベリーの食パン

あんこの食パン

63

クランベリーの食パン

鮮やかな赤い色がかわいいクランベリーをたっぷりと。
さわやかな酸味で、肉料理にも合います。レーズンに替えてアレンジも。

材料
（縦8×横18×高さ6cmの
パウンド型1個分）

- 強力粉…150g
- ドライイースト
　…小さじ1/2 (1.5g)

A［
- 砂糖…5g
- 塩…3g
- なたね油…5g
］

- 水…110g
- ドライクランベリー…30g

［準備］パウンド型の内側に薄くなたね油（分量外）を塗り、底にオーブンシートを敷いておく

作り方
★ 生地の詳しい作り方は、P12〜15、60〜61を参照

材料を混ぜる

1. ボウルにAとドライクランベリーを入れて水を加える。ドライイーストをふり入れて、イーストが沈んだらゴムベラで混ぜる。

2. 強力粉を加えて大きく混ぜ、粉っぽさがなくなってきたら切るようにさらに混ぜる。

一次発酵（前半）・ガス抜き

3. ラップをかけ、室温（20〜25℃）で3時間発酵させる。

4. 1.2〜1.5倍に膨らんだらゴムベラをボウルに沿って差し込み、生地を持ち上げるようにしてガスを抜く。

一次発酵（後半）

5. 再びラップをし、室温で2時間ほど発酵させる。一次発酵の前半終了時と同じくらいの大きさに膨らんだらOK。

成形

6. 生地をバットに取り出す（P14・11〜12参照）。

7. 生地を台に移し、基本の食パンと同様に成形する（P60・1〜6参照）。

二次発酵

8. 基本の食パンと同様に二次発酵させる（P60・7〜8参照）。型から少し出たら発酵完了。

焼く

9. 210℃で30分焼く（ガスオーブンの場合はP61と同様）。途中焼き色がつきすぎるようなら、200℃に下げる。オーブンから取り出し、型からはずして網にのせて冷ます。

PICK UP

ドライクランベリー

ドライクランベリーはやわらかいので、そのまま生地に混ぜ込んでOK。レーズンを使う場合は、熱湯をかけて戻してから使いましょう。

あんこの食パン

粒あんを巻き込み、一見素朴なのにみんなが大好きなおやつ系食パン。
スライスして軽くトーストし、おいしいバターを添えるとやみつき♪

材料
（縦8×横18×高さ6cmの
パウンド型1個分）

- 強力粉…150g
- ドライイースト
  …小さじ1/2（1.5g）
- A
  - 砂糖…3g
  - 塩…3g
  - なたね油…5g
- 水…110g
- 粒あん（市販品）…80g

［準備］パウンド型の内側に薄くなたね油（分量外）を塗り、底にオーブンシートを敷いておく

作り方

★ 生地の詳しい作り方は、P12～15、60～61を参照

材料を混ぜる

1. ボウルにAを入れて水を加える。ドライイーストをふり入れて、イーストが沈んだらゴムベラで混ぜる。

2. 強力粉を加えて大きく混ぜ、粉っぽさがなくなってきたら切るようにさらに混ぜる。

一次発酵（前半）・ガス抜き

3. ラップをかけ、室温（20～25℃）で3時間発酵させる。

4. 1.2～1.5倍に膨らんだらゴムベラをボウルに沿って差し込み、生地を持ち上げるようにしてガスを抜く。

一次発酵（後半）

5. 再びラップをし、室温で2時間ほど発酵させる。一次発酵の前半終了時と同じくらいの大きさに膨らんだらOK。

成形

6. 生地をバットに取り出す（P14・11～12参照）。

7. 基本の食パンと同様に台に移し、縦20×横15cm程度にのばす（P60・1参照）。

8. 生地の周囲2cmほど残して粒あんを広げのばし、手前からしっかりと巻き、転がして24cmの長さにする。横半分にナイフで切る（写真8）。

9. 切った断面を上に向けてX状に置き、中心からねじる（写真9）。両端をおさえながら型に入れる。

二次発酵

10. 基本の食パンと同様に二次発酵させる（P60・7～8参照）。型のふちまで膨らんだら発酵完了。

焼く

11. 210℃で30分焼く（ガスオーブンの場合はP61と同様）。途中、焼き色がつきすぎるようなら200℃に下げる。オーブンから取り出し、型からはずして網にのせて冷ます。

POINT

中心からナイフを入れ、左右の端にそれぞれ向かって順に切ると生地が引きつれずに切りやすくなります。

POINT

中心から両端に向かってねじります。ねじり終わりはつまんで閉じます。

BASIC / TWIST BREAD

基本のねじねじパンの作り方

材料（1個分）

- 強力粉…150 g
- ドライイースト…小さじ1/2（1.5g）
- 砂糖…3 g
- 塩…3 g
- なたね油…3 g
- 水…110 g
- なたね油（巻き込み用）…小さじ1/2
- 塩（巻き込み用）…小さじ1/3

［準備］天板にオーブンシートを敷いておく。

⏱ タイムスケジュール

材料を混ぜる	5分
一次発酵（前半）・ガス抜き	3時間
一次発酵（後半）	2時間
成形	5分
二次発酵	40〜45分
焼く	30分

まず、**基本のバケット**（P12〜14）の**成形12**までと同様に作る

成形・二次発酵・焼く

1　粉がついたほうを下にして台に移し、打ち粉をした手で押さえて縦22×横15cm程度にのばす。周囲2cmほど残してなたね油をぬる。

2　全体にまんべんなく塩をふる。

3　手前からしっかり巻く。

66

巻き終えた状態。

たっぷり打ち粉をして両手でにぎり、引っぱらないようにして40cm程度の長さにのばす。

台におき、片手は固定して10回ほどねじる。

天板の上で、ねじりながらとぐろを巻くように形作る。巻き終わりを下にはさみ、なたね油を塗ったラップでおおう。二次発酵40〜45分のうち、はじめの25分はオーブンの発酵機能（35℃）でおこなう。オーブンから取り出し、別の天板を入れて250℃に予熱する。

生地が1.5倍に膨らんだら発酵完了。ラップをはずし、予熱した天板にオーブンシートごと移し、220℃に下げたオーブンで30分焼く（ガスオーブンの場合は210℃で25分が目安）。途中、焼き色がつきすぎるようなら210℃に下げる。オーブンから取り出し、網にのせて冷ます。

野菜入りの
ねじねじパン

ココナッツの
ねじねじパン

野菜入りのねじねじパン

野菜をたっぷり混ぜ込んだ、カラフルでにぎやかなパン。
具はカボチャや枝豆、コーンなど、水分の少ないものをお好みで。

材料（1個分）

- 強力粉…150g
- ドライイースト
  …小さじ1/2（1.5g）
- A
  - 砂糖…3g
  - 塩…3g
  - なたね油…3g
- 水…80g
- B
  - ドライトマト（刻む）…10g
  - オクラ（5mm幅の輪切り）…3本
  - 黄パプリカ（1cm角に切る）…1/4個

※オクラとパプリカは合わせて約70gが目安

作り方

★ 生地の詳しい作り方は、P12〜15、66〜67を参照

材料を混ぜる

1. ボウルにAを入れて水を加える。ドライイーストを全体にふり入れて、イーストが沈んだらゴムベラで混ぜる。

2. Bを加え混ぜ、強力粉を加えて大きく混ぜる。水分がなじんだら手にポリ袋をかぶせ、混ぜ込む（写真2）。

一次発酵（前半）・ガス抜き

3. ラップをかけ、室温（20〜25℃）で3時間発酵させる。

4. 1.2〜1.5倍に膨らんだらゴムベラをボウルに沿って差し込み、生地を持ち上げるようにしてガスを抜く。

一次発酵（後半）

5. 再びラップをし、室温で2時間ほど発酵させる。一次発酵の前半終了時と同じくらいの大きさに膨らんだらOK。

成形

6. 生地をバットに取り出す（P14・11〜12参照）。

7. 粉がついたほうを下にして台に移し、基本のねじねじパンと同様に成形する（P66・1、3〜6参照。＊ただし、巻き込み用のなたね油と塩は使用しない）。

二次発酵

8. ねじりながら天板にのせ、基本のねじねじパンと同様に二次発酵させる（P67・7参照）。生地が1.5倍に膨らんだら発酵完了。

焼く

9. ラップをはずし、予熱した天板にオーブンシートごと移し、オーブンを220℃に下げて30分焼く（ガスオーブンの場合はP67と同様）。途中、焼き色がつきすぎるようなら210℃に下げる。オーブンから取り出し、網にのせて冷ます。

POINT

手にポリ袋をかぶせ、生地をぎゅっとつかむようにして混ぜると野菜が均一にいきわたります。

ココナッツのねじねじパン

ココナッツミルクとココナッツロングのダブル使いで、風味いっそう！
こんがりいい色に焼き上がります。

材料（1個分）

- 強力粉…150g
- ドライイースト
  …小さじ1/2（1.5g）
- A
  - 砂糖…10g
  - 塩…2g
  - なたね油…3g
- ココナッツミルク（よく混ぜる）
  …100g
- 水…35g
- B
  - ココナッツロング（巻き込み用）
    …20g
  - きび砂糖（巻き込み用）
    …小さじ1 1/2

作り方

★ 生地の詳しい作り方は、P12〜15、66〜67を参照

材料を混ぜる

1. Bのココナッツロングはフライパンに入れてごく弱火にかけ、薄く色づくまで炒っておく。

2. ボウルにAを入れてココナッツミルクと水を加える。ドライイーストをふり入れて、イーストが沈んだらゴムベラで混ぜる。

3. 強力粉を加えて大きく混ぜ、粉っぽさがなくなってきたら切るようにさらに混ぜる。

一次発酵（前半）・ガス抜き

4. ラップをかけ、室温（20〜25℃）で3時間発酵させる。

5. 1.2〜1.5倍に膨らんだらゴムベラをボウルに沿って差し込み、生地を持ち上げるようにしてガスを抜く。

一次発酵（後半）

6. 再びラップをし、室温で2時間ほど発酵させる。一次発酵の前半終了時と同じくらいの大きさに膨らんだらOK。

成形

7. 生地をバットに取り出す（P14・11〜12参照）。

8. 粉がついたほうを下にして台に移し、基本のねじねじパンと同様に縦22×横15cm程度にのばし、Bをふる（写真8）。

9. 基本のねじねじパンと同様に成形する（P66・3〜6参照）。

二次発酵

10. ねじりながら天板にのせ、基本のねじねじパンと同様に二次発酵させる（P67・7参照）。生地が1.5倍に膨らんだら発酵完了。

焼く

11. ラップをはずし、予熱した天板にオーブンシートごと移し、オーブンを220℃に下げて30分焼く（ガスオーブンの場合はP67と同様）。途中、焼き色がつきすぎるようなら210℃に下げる。オーブンから取り出し、網にのせて冷ます。

POINT

きび砂糖とココナッツロングがはみ出すと焦げやすいので、生地の周りを2cmほど残して均一にのせ、散らばらないようにしっかり巻きましょう。

PART 3
リッチ系の こねないパン

リッチなブリオッシュも
こねずに作るとふんわり軽やか。
スイーツ系も食事系も勢ぞろいです。

BASIC / BRIOCHE

基本のブリオッシュの作り方

材料（1個分）

- 強力粉…150g
- ドライイースト…小さじ1/2（1.5g）
- 砂糖…15g
- 塩…2g
- バター（冷たいまま1cm角に切る）…20g
- 卵黄（Lサイズ）…1個分（18〜20g）
  ※小さい場合は18〜20gになるように水を足す
- 水…85g
- バニラオイル…2〜3滴
- グラニュー糖（トッピング用）…小さじ2

材料を混ぜる

1. ボウルに砂糖、塩、強力粉を入れ、手で混ぜる。

2. 冷たいバターを入れて指先で粉とすり合わせるようにし、手早くサラサラになるまで混ぜる。

3. 水に卵黄とバニラオイルを加え、全体にドライイーストをふり入れ、30秒おく。

4. イーストが沈んできたらスプーンで混ぜ、2のボウルに回し入れる。

5. 粉気がなくなるまでゴムベラで混ぜる。

一次発酵（前半）・ガス抜き・
一次発酵（後半）・成形の一部は
基本のバケット（P13〜14）と同様

> 成形・二次発酵・焼く

6 粉がついたほうを下にして台に移し、打ち粉をした手で押さえて直径15cm程度の円形にととのえる。

7 生地の下に手を差し込み、周りから5cmほど折って押さえ、少しずつずらしながら8〜10回折って一周する。

8 表に返して上から押さえ、再び直径15cm程度の円形にととのえる。

9 オーブンシートを敷いた天板にのせ、カードで放射状に6等分にする。

10 なたね油（分量外）を塗ったラップをふんわりかける。二次発酵40〜50分のうち、はじめの30分はオーブンの発酵機能（35℃）でおこなう。オーブンから天板ごと取り出し、暖かいところで発酵させる。その間に、オーブンは210℃に予熱する。

11 生地が2倍に膨らんだら発酵完了。ラップをはずし、グラニュー糖をふる。天板ごとオーブンに入れ、200℃で30分焼く（ガスオーブンの場合は190℃で25分が目安）。途中、焼き色がつきすぎるようなら190℃に下げる。オーブンから取り出し、網にのせて冷ます。

🕐 タイムスケジュール

材料を混ぜる	5分
一次発酵（前半）・ガス抜き	3時間
一次発酵（後半）	2時間
成形	5分
二次発酵	40〜50分
焼く	30分

マロンのブリオッシュ

シナモン＆
ピーカンナッツのブリオッシュ

サフランと
グリーンレーズンのブリオッシュ

アールグレイと
プルーンのブリオッシュ

マロンのブリオッシュ

栗がぜいたくに入ったスイートブレッド。
卵白とグラニュー糖のトッピングが、カリッと香ばしいアクセントに。

材料
（直径15cmのケーキ型1個分）

- 強力粉…150g
- ドライイースト
  …小さじ1/2（1.5g）
- 砂糖…15g
- 塩…2g
- バター（冷たいまま1cm角に切る）
  …20g
- 卵黄（Lサイズ）…1個分
- 水…85g

A
- 栗の甘露煮（約8mm角に切る）
  …4個
- 溶かしバター…適量

B
- 卵白（溶きほぐす）…1/2個分
- グラニュー糖…小さじ1 1/2

［準備］型にバター（分量外）を塗り、底にオーブンシートを敷いておく

作り方

★ 生地の詳しい作り方は、P12〜15、74〜75を参照

材料を混ぜる

1. 基本のブリオッシュと同様に材料を混ぜる（P74・1〜5参照。＊バニラオイルのみ使用しない）。

一次発酵（前半）・ガス抜き

2. ラップをかけ、室温（20〜25℃）で3時間発酵させる。

3. 1.2〜1.5倍に膨らんだらゴムベラをボウルに沿って差し込み、生地を持ち上げるようにしてガスを抜く。

一次発酵（後半）

4. 再びラップをし、室温で2時間ほど発酵させる。一次発酵の前半終了時と同じくらいの大きさに膨らんだらOK。

成形

5. 生地をバットに取り出す（P14・11〜12参照）。

6. 粉がついたほうを下にして台に移し、打ち粉をした手で縦20×横15cm程度にのばす。生地の周囲を2cm残して、**A**をのせる（写真6）。

7. 手前から巻いて巻き終わりをつまんでとじる。転がして太さを均一にし、30cm程度の長さにととのえる。生地をつぶさないように包丁で8等分に切り、断面を上にして型に入れる。

二次発酵

8. 天板にのせ、基本のブリオッシュ同様に二次発酵させ、オーブンは200℃に予熱する（P75・10参照）。型の7〜8分目まで膨らんだら発酵完了。

焼く

9. ラップをはずし、**B**の卵白をぬって、グラニュー糖をふる（写真9）。天板ごとオーブンに入れ、200℃で30分焼く（ガスオーブンの場合はP75と同様）。途中、焼き目がつきすぎるようなら190℃に下げる。オーブンから取り出し、型からはずして網にのせて冷ます。

POINT 6

生地の周囲を2cmほど残し、溶かしバターをぬってその上に栗を散らしたら、手で軽く押さえてなじませます。

POINT 9

ハケでムラなく卵白をぬり、グラニュー糖をふります。このトッピングで、表面がカリカリに。

シナモン＆ピーカンナッツのブリオッシュ

キュートなシナモンロールが、こねないレシピなら簡単にできちゃう！
風味バツグンのピーカンナッツのほか、くるみやレーズンなどでも。

材料
（底の直径3.5cmの菊型アルミホイル6個分）

- 強力粉…150g
- ドライイースト…小さじ1/2 (1.5g)
- 砂糖…15g
- 塩…2g
- バター（冷たいまま1cm角に切る）…20g
- 卵黄（Lサイズ）…1個分
- 水…85g
- ピーカンナッツ…20g
- 溶かしバター…適量
- A [グラニュー糖…小さじ1 / シナモンパウダー…小さじ1/2]
- B [粉糖…35g / 水…小さじ1強]

作り方

★ 生地の詳しい作り方は、P12～15、74～75を参照

材料を混ぜる

1. ピーカンナッツは150℃のオーブンで10分ローストし、砕く。

2. 基本のブリオッシュと同様に材料を混ぜる（P74・1～5参照。＊バニラオイルのみ使用しない）。

一次発酵（前半）・ガス抜き

3. ラップをかけ、室温（20～25℃）で3時間発酵させる。

4. 1.2～1.5倍に膨らんだらゴムベラをボウルに沿って差し込み、生地を持ち上げるようにしてガスを抜く。

一次発酵（後半）

5. 再びラップをし、室温で2時間ほど発酵させる。一次発酵の前半終了時と同じくらいの大きさに膨らんだらOK。

成形

6. 生地をバットに取り出す（P14・11～12参照）。

7. 粉がついたほうを下にして台に移し、打ち粉をした手で縦20×横15cm程度にのばす。生地の周囲を2cm残して、溶かしバターをぬり、合わせたAをふって1のピーカンナッツをのせる。

8. 手前から巻いて巻き終わりをつまんでとじる。転がして太さを均一にし、30cm程度の長さにととのえる。包丁で6等分に切ってアルミ型に入れる（写真8）。

二次発酵

9. 天板にのせ（写真9）、基本のブリオッシュ同様に二次発酵させ、オーブンは200℃に予熱する（P75・10参照）。2倍に膨らんだら発酵完了。

焼く

10. ラップをはずして天板ごとオーブンに入れ、200℃で15分焼く（ガスオーブンの場合は190℃で12～13分が目安）。途中、焼き色がつきすぎるようなら190℃に下げる。オーブンから取り出し、網にのせて冷ます。

11. Bでアイシングを作る。粉糖に少しずつ水を加えて混ぜる。焼き上がったパンにスプーンで落とす（写真11）。

POINT

8
包丁は前後に大きく押し引きして動かすと、生地をつぶさずに切れます。

9
アルミ型容器を使用するため、天板にはオーブンシートを敷かず二次発酵し、焼き上げます。

11
アイシングはスプーンの先から細くたらすようにして、渦巻き状にパンにトッピングします。

サフランとグリーンレーズンのブリオッシュ

サフランがふわ〜っと香り、黄色い生地にレーズンのグリーンが映える
シックなブリオッシュ。グリーンレーズンは普通のレーズンに替えても。

材料
（縦8×横18×高さ6cmの
パウンド型1個分）

- 強力粉…150g
- ドライイースト
  …小さじ1/2（1.5g）
- 砂糖…15g
- 塩…2g
- バター（冷たいまま1cm角に切る）
  …20g
- 卵黄（Lサイズ）
  …1個分
- A
  - 水…85g
  - サフラン…ひとつまみ
- グリーンレーズン
  （熱湯に5〜6分浸し、水気をきる）
  …40g

［準備］ 型にバター（分量外）を塗り、底にオーブンシートを敷いておく

作り方
★ 生地の詳しい作り方は、P12〜15、74〜75を参照

材料を混ぜる

1. Aを合わせ、10分おく。

2. 基本のブリオッシュと同様に材料を混ぜる。（写真2）（P74・1〜5参照。＊卵黄はサフランを混ぜた水と合わせ、バニラオイルは使用しない）。

一次発酵（前半）・ガス抜き

3. ラップをかけ、室温（20〜25℃）で3時間発酵させる。

4. 1.2〜1.5倍に膨らんだらゴムベラをボウルに沿って差し込み、生地を持ち上げるようにしてガスを抜く。

一次発酵（後半）

5. 再びラップをし、室温で2時間ほど発酵させる。一次発酵の前半終了時と同じくらいの大きさに膨らんだらOK。

成形

6. 生地をバットに取り出す（P14・11〜12参照）。

7. 粉がついたほうを下にして台に移し、打ち粉をした手で縦20×横15cm程度にのばす。生地の周囲を2cm残して、レーズンをちらして手前から巻く（写真7）。

8. 巻き終わりをつまんでとじる。転がして太さを均一にし、18cm程度の長さにととのえ型に入れる。

二次発酵

9. 天板にのせ、基本のブリオッシュ同様に二次発酵させ、オーブンは210℃に予熱する（P75・10参照）。型から少し出たら発酵完了。

焼く

10. ラップをはずして天板ごとオーブンに入れ、210℃で30分焼く（ガスオーブンの場合は200℃で25分が目安）。途中、焼き色がつきすぎるようなら200℃に下げる。オーブンから取り出し、型からはずして網にのせて冷ます。

POINT 2

サフランの色をしっかり引き出した水に卵黄とイーストを加え、粉類に混ぜることで、サフランの風味がよくいきわたります。

POINT 7

生地の周囲を2cmほど残してグリーンレーズンをまんべんなく散らし、はみ出さないようにしっかりと巻きましょう。

アールグレイとプルーンのブリオッシュ

アールグレイを茶葉ごと練り込み、癒しの香りがいっぱいに広がります。
プルーンの自然な甘みも魅力。おいしい紅茶を添えてどうぞ。

材料
（縦8×横18×高さ6cmの
パウンド型1個分）

A ┌ ・強力粉…150g
　 └ ・アールグレイの紅茶葉
　　　…4g（ティーバックなら2個分）
・ドライイースト
　…小さじ1/2（1.5g）
・砂糖…15g
・塩…2g
・卵黄（Lサイズ）
　…1個分
・水…85g
・バター（冷たいまま1cm角に切る）
　…20g
・プルーン（種抜き・細切りにする）
　…40g
※プルーンがかたい場合はやわらかくなるまで熱湯に浸し、水気をきる

[準備] 型にバター（分量外）を塗り、底にオーブンシートを敷いておく

作り方
★ 生地の詳しい作り方は、P12～15、74～75を参照

材料を混ぜる

1. ボウルにAを合わせて混ぜる。

2. 基本のブリオッシュと同様に材料を混ぜる（P74・1～5参照）。＊バニラオイルのみ使用しない）。

一次発酵（前半）・ガス抜き

3. ラップをかけ、室温（20～25℃）で3時間発酵させる。

4. 1.2～1.5倍に膨らんだらゴムベラをボウルに沿って差し込み、生地を持ち上げるようにしてガスを抜く。

一次発酵（後半）

5. 再びラップをし、室温で2時間ほど発酵させる。一次発酵の前半終了時と同じくらいの大きさに膨らんだらOK。

成形

6. 生地をバットに取り出す（P14・11～12参照）。

7. 粉がついたほうを下にして台に移し、打ち粉をした手で縦20×横15cm程度にのばす。生地の周囲を2cm残して、プルーンをちらして手前から巻く（写真7）。

8. 巻き終わりをつまんでとじる。転がして太さを均一にし、18cm程度の長さにととのえ型に入れる（写真8）。

二次発酵

9. 天板にのせ、基本のブリオッシュ同様に二次発酵させ、オーブンは210℃に予熱する（P75・10参照）。型から少し出たら発酵完了。

焼く

10. ラップをはずして天板ごとオーブンに入れ、210℃で30分焼く（ガスオーブンの場合はP80と同様）。途中、焼き色がつきすぎるようなら200℃に下げる。オーブンから取り出して型からはずし、網にのせて冷ます。

POINT 7

生地全体にまんべんなくプルーンを散らしたら、手で軽く押さえてなじませてから巻きます。

POINT 8

生地を型に入れたら、手で生地を押さえ、生地と型の間にすき間ができないように密着させます。

塩バターのブリオッシュ

流行りの塩パン風の、甘じょっぱいふんわりブリオッシュ。
塩が決め手なので、ぜひおいしい天然塩を使って!

材料
（直径15cmのケーキ型1個分）

- 強力粉…150ｇ
- ドライイースト
  …小さじ1/2（1.5ｇ）
- 砂糖…3ｇ
- 塩…3ｇ
- バター（冷たいまま1cm角に切る）
  …20ｇ
- 卵黄（Lサイズ）…1個分
- 水…85ｇ
- A [
  - 溶かしバター…適量
  - グラニュー糖…小さじ1
  - 塩（巻き込み用）
    …小さじ1/8
  ]
- 塩（トッピング用・粒の粗いもの）
  …ひとつまみ

[準備] 型にバター（分量外）を塗り、底にオーブンシートを敷いておく

作り方

★ 生地の詳しい作り方は、P12〜15、74〜75を参照

材料を混ぜる

1. 基本のブリオッシュと同様に材料を混ぜる（P74・1〜5参照。＊バニラオイルのみ使用しない）。

一次発酵（前半）・ガス抜き

2. ラップをかけ、室温（20〜25℃）で3時間発酵させる。

3. 1.2〜1.5倍に膨らんだらゴムベラをボウルに沿って差し込み、生地を持ち上げるようにしてガスを抜く。

一次発酵（後半）

4. 再びラップをし、室温で2時間ほど発酵させる。一次発酵の前半終了時と同じくらいの大きさに膨らんだらOK。

成形

5. 生地をバットに取り出す（P14・11〜12参照）。

6. 粉がついたほうを下にして台に移し、打ち粉をした手で縦20×横15cm程度にのばす。生地の周囲を2cm残して、Aの溶かしバターをぬる。その上に残りのAをふり、手前から巻き、巻き終わりをつまんでとじる（写真6）。

7. 転がして太さを均一にし、30cm程度の長さにととのえる。包丁で8等分に切り、断面を上にして型に入れる（写真7）。

二次発酵

8. 天板にのせ、基本のブリオッシュ同様に二次発酵させ、オーブンは210℃に予熱する（P75・10参照）。型の7〜8分目まで膨らんだら発酵完了。

焼く

9. ラップをはずし、トッピング用の塩をふって、天板ごとオーブンに入れ、210℃で30分焼く（ガスオーブンの場合はP80と同様）。途中、焼き色がつきすぎるようなら200℃に下げる。オーブンから取り出し、型からはずして網にのせて冷ます。

POINT

6
溶かしバターの上にグラニュー糖と塩をふり、手前からしっかりと巻きます。

POINT

7
中央にひと切れ、周りに7切れを丸く並べる。発酵すると膨れるので、すき間があいてもOK。

赤パプリカとクリームチーズのブリオッシュ

ポテトと粒マスタードの
ブリオッシュ

マッシュルームと
ガーリックのブリオッシュ

コーンとブラックペッパーのブリオッシュ

赤パプリカとクリームチーズのブリオッシュ

パプリカの甘さとクリームチーズの塩気が絶妙のコンビネーション。
デリのケークサレのような風味と見た目が、手土産にも重宝します。

材料
（底の直径5cmのマドレーヌ型6個分）

- 強力粉…150g
- ドライイースト
  …小さじ1/2（1.5g）
- 砂糖…3g
- 塩…3g
- バター（冷たいまま1cm角に切る）
  …20g
- 卵黄（Lサイズ）…1個分
- 水…85g

A
- オリーブオイル…適量
- 赤パプリカ（1.5cm角に切る）
  …1/2個
- クリームチーズ（1.5cm角に切る）
  …40g
- 塩…適量

作り方
★ 生地の詳しい作り方は、P12〜15、74〜75を参照

材料を混ぜる

1. 基本のブリオッシュと同様に材料を混ぜる（P74・1〜5参照。＊バニラオイルのみ使用しない）。

一次発酵（前半）・ガス抜き

2. ラップをかけ、室温（20〜25℃）で3時間発酵させる。

3. 1.2〜1.5倍に膨らんだらゴムベラをボウルに沿って差し込み、生地を持ち上げるようにしてガスを抜く。

一次発酵（後半）

4. 再びラップをし、室温で2時間ほど発酵させる。一次発酵の前半終了時と同じくらいの大きさに膨らんだらOK。

成形

5. 生地をバットに取り出す（P14・11〜12参照）。

6. 粉がついたほうを下にして台に移し、打ち粉をした手で縦20×横15cm程度にのばす。生地の周囲を2cm残して、**A**のオリーブオイルをぬり、赤パプリカとクリームチーズ、塩をちらす。

7. 手前から巻き、巻き終わりをつまんでとじる。転がして太さを均一にし、30cm程度の長さにととのえる。包丁で6等分に切り、断面を上にして型に入れる（写真7）。

二次発酵

8. 天板にのせ、基本のブリオッシュと同様に二次発酵させ、オーブンは210℃に予熱する（P75・10参照）。2倍に膨らんだら発酵完了。

焼く

9. ラップをはずして天板ごとオーブンに入れ、210℃で15分焼く（ガスオーブンの場合は200℃で12〜13分が目安）。途中、焼き色がつきすぎるようなら200℃に下げる。オーブンから取り出し、網にのせて冷ます。

POINT

押し切るようにすると生地がつぶれたり具がはみ出たりするので、包丁は前後に大きく押し引きしながら切るのがポイント。

ポテトと粒マスタードのブリオッシュ

オーブンから漂うおいしそうな香りに、焼き上がりが待ちきれない！
ホクホクポテトにマスタードが効いて、ブランチにもぴったりです。

材料
（直径15cmのケーキ型1個分）

- 強力粉…150g
- ドライイースト
  …小さじ1/2（1.5g）
- 砂糖…3g
- 塩…3g
- バター（冷たいまま1cm角に切る）
  …20g
- 卵黄（Lサイズ）…1個分
- 水…85g
- 粒マスタード…小さじ1
- A ┌ じゃがいも（皮をむいて
      1cm角に切る）…正味150g
    └ 塩…小さじ1/4

［準備］型にバター（分量外）を塗り、底にオーブンシートを敷いておく

作り方

★ 生地の詳しい作り方は、P12〜15、74〜75を参照

材料を混ぜる

1. じゃがいもはたっぷりの湯で3分茹で、ザルに上げてAの塩をふり、冷ます。

2. 基本のブリオッシュと同様に冷たいバターまで材料を混ぜ、1を加える（P74・1〜2参照）。

3. 基本のブリオッシュと同様に残りの材料を混ぜる（P74・3〜5参照。＊バニラオイルの代わりに粒マスタードを加える）。

一次発酵（前半）・ガス抜き

4. ラップをかけ、室温（20〜25℃）で3時間発酵させる。

5. 1.2〜1.5倍に膨らんだらゴムベラをボウルに沿って差し込み、生地を持ち上げるようにしてガスを抜く。

一次発酵（後半）

6. 再びラップをし、室温で2時間ほど発酵させる。一次発酵の前半終了時と同じくらいの大きさに膨らんだらOK。

成形

7. 生地をバットに取り出す（P14・11〜12参照）。

8. 基本のブリオッシュと同様に成形する（写真8）（P75・6〜7参照）。

9. ひっくり返して型に入れて押さえ、なじませる（写真9）。

二次発酵

10. 天板にのせ、基本のブリオッシュ同様に二次発酵させ、オーブンは210℃に予熱する（P75・10参照）。型の7〜8分目まで膨らんだら発酵完了。

焼く

11. ラップをはずして天板ごとオーブンに入れ、210℃で30分焼く（ガスオーブンの場合はP80と同様）。途中、焼き色がつきすぎるようなら200℃に下げる。オーブンから取り出し、型からはずして網にのせて冷ます。

POINT

8 周りから5cmずつ折っては押さえながら1周し、ひと回り小さな円形にまとめます。

POINT

9 生地は折り目を下にして型の中央に入れ、手のひらで押さえて底面が平らになるようなじませます。

マッシュルームとガーリックのブリオッシュ

炒めたマッシュルームのうま味がギュッとつまり、ガーリックが効いてクセになる美味しさ。ワインのお供にもぜひ。

材料（1個分）

- 強力粉…150g
- ドライイースト…小さじ1/2（1.5g）
- 砂糖…3g
- 塩…3g
- バター（冷たいまま1cm角に切る）…20g
- 卵黄（Lサイズ）…1個分
- 水…80g

A
- マッシュルーム（石づきを除いて4等分に切る）…150g
- にんにく（薄切り）…1かけ
- オリーブオイル…適量
- 塩…小さじ1/4

作り方

★ 生地の詳しい作り方は、P12〜15、74〜75を参照

材料を混ぜる

1. フライパンにAのオリーブオイルを熱し、マッシュルームとにんにくをしんなりするまで炒めて塩をふり、冷ましておく。

2. 基本のブリオッシュと同様に冷たいバターまで材料を混ぜ、1を加える（写真2）（P74・1〜2参照）。

3. 基本のブリオッシュと同様に残りの材料を混ぜる（P74・3〜5参照。＊バニラオイルは使用しない）。

一次発酵（前半）・ガス抜き

4. ラップをかけ、室温（20〜25℃）で3時間発酵させる。

5. 1.2〜1.5倍に膨らんだらゴムベラをボウルに沿って差し込み、生地を持ち上げるようにしてガスを抜く。

一次発酵（後半）

6. 再びラップをし、室温で2時間ほど発酵させる。一次発酵の前半終了時と同じくらいの大きさに膨らんだらOK。

成形

7. 生地をバットに取り出す（P14・11〜12参照）。

8. 基本のブリオッシュと同様に成形する（P75・6〜9参照）。

二次発酵

9. 天板にのせ、基本のブリオッシュ同様に二次発酵させ、オーブンは210℃に予熱する（P75・10参照）。2倍に膨らんだら発酵完了。

焼く

10. ラップをはずして天板ごとオーブンに入れ、210℃で30分焼く（ガスオーブンの場合はP80と同様）。途中、焼き色がつきすぎるようなら200℃に下げる。オーブンから取り出し、網にのせて冷ます。

POINT

炒めたマッシュルームとにんにくはしっかり冷まし、出てきた水分ごと粉に加えて混ぜます。

コーンとブラックペッパーのブリオッシュ

パクッとほおばると、甘いコーンのあとからピリッと黒こしょうが効いて、
食べ飽きません。ちょっとデコボコした形もキュート。

材料（8個分）

- 強力粉…150g
- 粗びき黒こしょう…小さじ1/2
- ドライイースト
  …小さじ1/2（1.5g）
- 砂糖…3g
- 塩…3g
- バター（冷たいまま1cm角に切る）…20g
- 卵黄（Lサイズ）…1個分
- 水…85g
- A ┌ オリーブオイル…小さじ1/2
    │ コーン缶（缶汁をきる）
    │   …正味40g
    └ 粗びき黒こしょう
        …小さじ1/2

作り方

★ 生地の詳しい作り方は、P12〜15、74〜75を参照

材料を混ぜる

1. ボウルに強力粉、粗びき黒こしょう、砂糖、塩を入れて、基本のブリオッシュと同様に材料を混ぜる（P74・1〜5参照。＊バニラオイルは使用しない）。

一次発酵（前半）・ガス抜き

2. ラップをかけ、室温（20〜25℃）で3時間発酵させる。

3. 1.2〜1.5倍に膨らんだらゴムベラをボウルに沿って差し込み、生地を持ち上げるようにしてガスを抜く。

一次発酵（後半）

4. 再びラップをし、室温で2時間ほど発酵させる。一次発酵の前半終了時と同じくらいの大きさに膨らんだらOK。

成形

5. 生地をバットに取り出す（P14・11〜12参照）。

6. 粉がついたほうを下にして台に移し、打ち粉をした手で縦20×横15cm程度にのばす。生地の周囲を2cm残して、Aのオリーブオイルをぬり、コーンと粗びき黒こしょうをちらす（写真6）。

7. 手前から巻き、巻き終わりをつまんでとじる。転がして太さを均一にし、30cm程度の長さにととのえる。包丁で8等分に切り、断面を上にしてオーブンシートを敷いた天板にリング状におく（写真7）。

二次発酵

8. なたね油をぬったラップでおおい、基本のブリオッシュ同様に二次発酵させ、オーブンは210℃に予熱する（P75・10参照）。2倍に膨らんだら発酵完了。

焼く

9. ラップをはずして天板ごとオーブンに入れ、210℃で20分焼く（ガスオーブンの場合は200℃で18分が目安）。途中、焼き色がつきすぎるようなら200℃に下げる。オーブンから取り出し、網にのせて冷ます。

POINT

6
生地にオリーブオイルをぬってコーンをちらし、粗びきの黒こしょうをふります。辛めがお好みの場合はたっぷりと。

7
切った生地は断面を上にしてリング状に並べます。直径15cmのケーキ型に入れて作ってもOK。

こんなときどうする？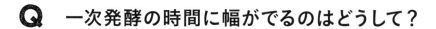

Q 一次発酵の時間に幅がでるのはどうして？

A 季節や室温によって、
十分に発酵する時間に差が出ます

P8でふれたように一次発酵は2〜4時間と大きな幅があり、迷うことも。温度や環境によって、発酵時間に30分〜1時間以上の差が生まれることは珍しくありません。下記の表の時間を目安に、生地が1.2〜1.5倍にふくらむのを目でも確認するのが大切です。

夏（室温が25〜30度）	
一次発酵（前半）・2〜3時間	一次発酵（後半）・約1時間
春秋（室温が25度前後）	
一次発酵（前半）・約3時間	一次発酵（後半）・1時間半〜2時間
冬（室温が20〜25度）	
一次発酵（前半）・3時間半〜4時間	一次発酵（後半）・2時間半〜3時間

＊ 一次発酵（前半）と一次発酵（後半）の時間は3：2くらいです。

Q 一次発酵は室温、二次発酵はオーブンでするのはなぜ？

A 発酵をコントロールするのがこねないパンのおいしさのカギ

こねる作業がないぶん、一次発酵は室温でできるだけゆっくりとすることで、生地が熟成し、グルテンが形成されてもっちり弾力が出ます。二次発酵は温度が肝心なので、オーブンの発酵機能を使います。

QUESTION & ANSWER

Q 発酵時に生地にかけたラップが くっついてしまいます

A ラップには油をぬりましょう

乾燥防止にかけたラップに、発酵して膨らんだ生地がくっつくとはがすのが大変。無理やりはがすと
生地がいたみます。ラップには薄くなたね油（サラダ油などでもOK）をぬり、くっつくのを防止して。

Q 生地がべたついてうまく扱えません

A こねないパンは水分が多いのでべたついても大丈夫

こねないパンは、普通のパンに比べて水分が多いのでべたつきます。それが特徴なので心配しなくて大丈夫。
生地に大きめの具を混ぜ込む場合は、手にポリ袋をかぶせて手袋代わりにして混ぜるとうまくいきわたります。

Q 焼き色がつかなかったり、焦げてしまいます

A オーブンによってクセがあるので、レシピを目安にベストを探して

本書では、一般的な電気オーブンを想定して温度と時間を算出しています。機種によって焼き上が
りに違いが出るので、まずはレシピを参考に、一番おいしく焼ける温度と時間を見つけてください。

（例）バゲットを焼く場合

電気とガスオーブンの違い		
	温度	焼き時間
電気オーブンの場合	220℃	約25分
ガスオーブンの場合	210℃	約22分

※その他のパンは作り方ページを参照

必要な道具と材料

道具

ボウル

こねないパンを作るのに最も適しているのが直径18cmのステンレス製。

はかり

パン作りは正確な計量が肝心。1g単位で計れるデジタルスケールが◎。

水や塩もはかりで計る？

こねないパンに使う材料は計量スプーンでは正確に計りにくい少量なものが多く、水分も数g違うだけで仕上がりに差が出ることも。はかりで正確に計ることで、失敗なく作れます。

ゴムベラとカード

生地を混ぜるゴムベラはシリコン製の一体型で、しっかり固めなものを。カードは、生地の分割やボウルの生地をしっかりすくい取るのに便利。

クープナイフ

生地に切り込みを入れるためのナイフ。清潔なカッターでも代用可能。

バット

一次発酵した生地を取り出すのに、横25～26×縦17～20cmで深さのあるものが重宝。

茶こし

生地に、仕上げの強力粉などを薄くまんべんなくふるのに使用。

タイマー

発酵時間をセットするほか、作業の目安の時間を把握するのにも役立つ。

オーブンシート

パンを焼く際、くっつかないように天板や型に敷く。使い捨てタイプのほか、洗って繰り返し使えるものも。

TOOL & INGREDIENTS

材料

強力粉

パン生地の主役。薄力粉、中力粉、強力粉と種類がある小麦粉のなかで、弾力を出すグルテン（たんぱく質の一種）の量が最も多い。

本書では「日清カメリヤ」を使用

スーパーなどで手に入りやすく、最もポピュラーな強力粉。ほかの強力粉を使う場合は、吸水量などが多少違う可能性があり、様子をみながら水分量を加減して。

塩

ミネラルが豊富でまろやかな天然塩がおすすめ。入れすぎると味に影響がでる他、発酵を阻害するので、きちんと計って加えるのがポイント。

ドライイースト

生地を発酵させ、ふんわりふくらませるのに不可欠。顆粒状で、粉や水に直接混ぜて使えるインスタントドライイーストを使用。

なたね油

生地ののびをよくし、ふっくらと焼き上げる助っ人。本レシピではコクのあるなたね油を使っていますが、太白ごま油やサラダ油に替えてもOK。

砂糖

砂糖はパンに甘みをつけるほか、発酵をうながす役目もあります。ただし入れ過ぎると逆に発酵を阻害することもあるため、入れるのは粉の10～15%までが目安です。

水

水道水でOK。わずかな量で生地に影響が出るので、はかりできちんと計って加えること。

ミネラルウォーターでも良い？

ミネラルウォーターは、含まれるミネラルなどによって粉類に対する吸水量が変わり、生地にムラが出る可能性も。水道水がおすすめですが、水質が心配なら浄水器を使っても。

93

こねないパンがさらに美味しくなる！ # オリジナルディップ

ナスのディップ

エスニックな風味で全粒粉のバゲットなどにベストマッチ

材料（作りやすい分量）
- ナス…3個
- 塩…小さじ1/2
- にんにく…1かけ
- オリーブオイル・
  カイエンヌペッパー…各適量

作り方
1. ナスは1～2cm角に切って塩をふり、20分ほどおく。
2. フライパンにオリーブオイルとにんにくを入れて中火にかけ、香りがたってきたら水気をきったナスを加える。
3. 充分しんなりするまで弱火で炒める。
4. ナスがつぶせるくらい柔らかくなったら味をみて足りなければ塩（分量外）をふり、カイエンヌペッパーをふる。
5. 冷めたらプロセッサーにかけてペースト状にする。

冷蔵保存：約1週間

焼きしいたけと サワークリームのディップ

焼いたしいたけのうま味が濃厚！
しょうゆが絶妙の隠し味に

材料（作りやすい分量）
- サワークリーム…100g
- しいたけ…8～10枚
- 塩・しょうゆ・オリーブオイル
  …各適量

作り方
1. しいたけは石づきを除き、軸も一緒にグリルでこんがり焼き色がつくまで焼く。
2. しいたけが冷めたら粗く刻んでサワークリームと合せて塩としょうゆ、オリーブオイルで調味する。

冷蔵保存：約1週間

パプリカディップ

パプリカの甘味にヨーグルトの酸味がマッチ。
パプリカは赤でもOK

材料（作りやすい分量）
- 黄パプリカ…大1個（約150g）
- ヨーグルト…200g
- 塩・こしょう…適量

作り方
1. ヨーグルトは一晩水切りして半量ほどにしておく。
2. 黄パプリカは縦に4等分して種をとり、皿に放射状に並べ600wの電子レンジにラップなしで3分加熱する。ひっくり返して同様に3分加熱を2～3回ほど繰り返して（全部で8～9分）水分を飛ばす。
3. **1**と冷ました**2**の黄パプリカをきざんで合わせ、塩とこしょうで調味する。

冷蔵保存：2～3日

サーモンディップ

スモーキーでコクもたっぷり。
ハーブのディルを添えればいっそう美味！

材料（作りやすい分量）
- スモークサーモン…70g
- サワークリーム…100g
- レモン汁…小さじ1/2

作り方

材料すべてをプロセッサーにかける。
あればディルを添える。

冷蔵保存：2～3日

DIP SOURCE

ハムのディップ

ハムの塩気がアクセント。
ドライフルーツ入りのパンと相性バツグン

材料（作りやすい分量）
・ハム…50g
・クリームチーズ…100g

作り方
1. 4等分に切ったハムとクリームチーズをフードプロセッサーにかける。
2. 味をみて足りなければ塩（分量外）を足す。

冷蔵保存：2〜3日

アボカドディップ

デリでもおなじみの大人気ディップ。
きれいなグリーンも魅力

材料（作りやすい分量）
・アボカド…大1個
・にんにく…1/2かけ
・オリーブオイル…大さじ1
・レモン汁…大さじ1/2

作り方
アボカドは半分に切って種と皮を除き、残りの材料とともにフードプロセッサーにかける。

冷蔵保存：2〜3日

＊表面が黒くなる場合があります。気になる場合は食べる前に、黒い部分を取りましょう。

ピーナッツバターとマスカルポーネのディップ

濃厚でクセになる味わい。
ピーナッツバターは甘味のあるものでも

材料（作りやすい分量）
・ピーナッツバター（無糖）…50g
・マスカルポーネ…100g
・メープルシロップ…10g

作り方
材料すべてをフードプロセッサーにかける。

冷蔵保存：約1週間

ミルクディップ

ミルキーでまさにやみつき！
メープルシロップやフルーツも好相性

材料（作りやすい分量）
・牛乳…250cc
・生クリーム…25g
・米酢…大さじ1
・コンデンスミルク…25g

作り方
1. 鍋に牛乳と生クリームを合せて中火にかけ、沸騰してきたら米酢を回し入れる。軽く混ぜたら火をとめて分離するまでおく。
2. 分離してきたら厚手のキッチンペーパーなどでこして水分を切って冷ます。
3. 2にコンデンスミルクを入れて混ぜる。

冷蔵保存：約1週間

藤田千秋　Chiaki Fujita

料理研究家。1994年より自宅でパン＆ランチの教室「C's table」を主宰するかたわら、雑誌や書籍などでも活躍。著書に、『きほんの手作りパン』(学研)、『はじめてのこねないパン』(主婦の友社)、『ボウルひとつで　こねずにできる本格パン』(河出書房新社)、他多数。
http://www.chiaki-net.com

STAFF
撮影	寺岡みゆき
デザイン	岡本佳子 (kahito commune)
取材・文	沖田恵美
調理アシスタント	水野早苗
構成・スタイリング	森田有希子
企画	牧野貴志
進行管理	中川通、渡辺塁

こねないで作れる
バゲットと美味しいパン

平成29年4月1日発行　初版第1刷発行

著者　　藤田千秋
発行人　穂谷竹俊
発行所　株式会社日東書院本社
　　　　〒160－0022
　　　　東京都新宿区新宿2丁目15番14号　辰巳ビル
　　　　TEL:03－5360－7522(代表)
　　　　FAX:03－5360－8951(販売部)
ホームページ　http://www.tg-net.co.jp/
印刷所　図書印刷株式会社
製本所　株式会社宮本製本所

◎定価はカバーに記載しております。
◎本書記載の写真、記事などの無断転用を禁じます。
◎落丁、乱調はお取り替え致します。小社販売部までご連絡下さい。

©Nitto Shoin Honsha Co.,Ltd.2017 ©Chiaki Fujita
Printed in Japan ISBN978-4-528-02151-8 C2077